Gerald Roscoe

Das gute Leben

Ein Wegweiser zum Buddhismus für den Westen

Aus dem Amerikanischen von Dagmar Danilschenko

Diogenes

Das Buch erschien 1995 bei Silkworm Books,
Chiang Mai, Thailand,
als deutsche Ausgabe des Buches von
Gerald Roscoe, ›The Good Life‹

Lizenzausgabe mit freundlicher Genehmigung
Umschlagfoto von Anders Blomqvist

Diogenes Verlag AG Zürich
www.diogenes.ch
140/05/44/1
ISBN 3 257 06506 X

Inhalt

Vorwort

Seit einigen Jahren lebe ich in Thailand. Hier studiere ich den Buddhismus und folge seinem Weg. Thailand ist ein buddhistisches Land mit einer großen Mönchsgemeinde. Die große Mehrheit der Bevölkerung gehört dem *Theravada*-Buddhismus an, Moslems und Christen stellen nur eine Minderheit dar. Das Wort *Theravada* bedeutet »Weg der Vorfahren« und die *Theravada*-Buddhisten betrachten ihren Buddhismus als den ursprünglichen Buddhismus. Er leitet sich direkt von den Lehren des Buddha ab, wie wir sie in den frühesten schriftlichen Aufzeichnungen, dem *Pali Canon* finden. *Theravada,* auch die »Weisheitsschule der Alten« genannt, finden wir in Südasien, Thailand, Burma, Laos, Kambodscha und Sri Lanka, während *Mahayana,* eine spätere Form, in Nordasien, Tibet, China, Japan (Zen), der Mongolei und Korea verbreitet ist.

Der Buddhismus in allen seinen Formen erfreut

sich im Westen wachsender Beliebtheit. *Mahayana*, *Vajrayana*, Zen und *Theravada*-Tao sind einige der zahlreichen Formen des Buddhismus. Der Glaube, daß der Weg zur Erleuchtung das edelste menschliche Streben ist, ist allen Buddhisten gemeinsam.

»Was bedeutet Erleuchtung für einen Buddhisten?« und »Wie folge ich dem buddhistischen Weg?«, das sind die Themen dieses Buches.

Über den Buddhismus sind viele Bücher geschrieben worden – von Edward Conze, Alan Watts, Christmas Humphreys, Alexandra David-Neel, T.W. Rhys-Davids, Kenneth Ch'en, Walpola Rahula, Nancy Wilson-Ross, Phra Khantipalo, Huston Smith, John Blofeld und anderen. Außerdem sind die buddhistischen Texte und Sutren in englische Sprache übersetzt worden. Sie sind allerdings der Allgemeinheit nicht immer zugänglich.

Aus diesen Quellen habe ich eine kurze Anleitung für den westlichen Menschen zusammengestellt. Denjenigen, die den Buddhismus gründlicher studieren wollen, möchte ich die oben genannten Autoren empfehlen. Eine andere Quelle, aus der ich in den vergangenen Jahren geschöpft habe, sind die Lehren eines deutschen Mönches in Wat Umong (Suan Buddhadamma/Chiang Mai,

Thailand). Ehrwürden Bhikkhu Santithitto, allgemein bekannt als Phra Santi, ist zur Zeit dieser Niederschrift (1989) seit mehr als neunzehn Jahren ein buddhistischer Mönch. Er ist jetzt fast fünfzig Jahre alt und lebt seit fünfzehn Jahren in Wat Umong.* Phra Santi ist ein Mensch von tiefem Mitgefühl, großer Geduld und buddhistischer Weisheit. Er spricht fließend Thai und Englisch und ist ein ungewöhnlich fähiger Lehrer, dem man gebannt zuhört.

In der Tradition des Buddha lehrt Phra Santi, daß der Buddhismus nicht autoritär, rituell, spekulativ oder metaphysisch ist. Buddhismus hat nichts zu tun mit Wahrsagerei und Aberglauben. Er hält sich an Erfahrungen und ist wissenschaftlich, sachlich und praktisch. Buddhismus ist psychologisch, demokratisch und vor allem therapeutisch. Als *Theravada*-Buddhist lehrt Phra Santi, daß Erleuchtung vom eigenen Bemühen abhängt und nicht von der Errettung durch andere, wie einige *Mahayana*-Buddhisten glauben. Das bedeutet nicht, daß der Buddhismus antisozial ist. In Wahrheit sind Barmherzigkeit und tiefes Mitge-

* Seit 1992 lebt Phra Santi in Australien.

fühl die Grundlagen allen buddhistischen Verhaltens. Jedoch kann man Erleuchtung nur durch eigene Anstrengung erreichen. Als *Theravada*-Buddhist ist Phra Santi davon überzeugt, daß es keine übermenschlichen Kräfte oder Götter gibt und daß nur wir selbst uns retten können. Buddhismus ist nicht so sehr eine Sache des Glaubens, sondern bedeutet Sehen, Wissen und die Wahrheit verstehen, die tief im Innern eines jeden Individuums verborgen liegt.

Phra Santi ist in allen Formen des Buddhismus bewandert, einschließlich dem *Mahayana*- und *Theravada*-Buddhismus. Ganz im Sinne einer Ökumene erkennt er den Buddhismus in allen seinen Formen an.

Er verehrt die *Bodhisattvas*, Verkörperung der *Mahayana*-Erleuchtung, die Heiligen gleichen. Er meditiert zuweilen mit *Tankha*-Bildern des tibetanischen *Tantrayana* oder *Vajrayana* und schätzt den Zen-Buddhismus. Alle Formen, sagt er, beziehen sich auf die buddhistische Basis, aber jede von ihnen hat eine besondere Art der Disziplin und Unterweisung entwickelt. Jeder mag persönlich entscheiden, welche Form des Buddhismus seinen persönlichen Anforderungen entspricht.

Phra Santi ist groß und schwergewichtig, er wiegt etwa hundert Kilo. Er hat ein breites rundes Gesicht, hellblaue Augen und ein strahlendes Lächeln. In seiner Gegenwart fühlt man sich inspiriert, dem Beispiel seiner heiteren Gelassenheit zu folgen, es ihm gleichzutun in Barmherzigkeit und Weisheit. Jeden Sonntagnachmittag lehrt Phra Santi in Wat Umong. Viele westliche Menschen (gelegentlich auch Thai) versammeln sich in einem Pavillon in der Nähe seiner *Khuti* (seiner bescheidenen Wohnung), um seine Vorträge zu hören und sich in einer kurzen Sitzung in die Meditation einführen zu lassen. Aber auch an jedem Wochentag, manchmal auf Kosten seiner Zurückgezogenheit und ohne Rücksicht auf seine Privatsphäre, begrüßt er einen Schwarm von Besuchern in seiner *Khuti*. Männer und Frauen, die Fragen zum Buddhismus oder persönliche Probleme haben, erbitten seinen Rat. Manche verspüren auch nur den Wunsch, in seiner Nähe zu sein. Einige Besucher bleiben sogar tage- oder wochenlang in nahe gelegenen *Khutis*, die von Förderern und Gönnern gebaut worden sind, um Ausländer zu beherbergen. Als ich einmal zu Phra Santi sagte, daß er vielleicht zu großzügig mit seiner Zeit sei und daß man ihn vielleicht ausnützen könnte, antwortete er mit einem wunderbaren Lächeln: »Es ist meine Pflicht und meine Freude, hilfreich zu sein.«

Phra Santi hat mir bei der Vorbereitung dieses Buches wesentlich geholfen, darum hoffe ich, daß es ihm Freude bereiten wird zu sehen, daß ich ihm gut zugehört habe.

DIE ANZIEHUNGSKRAFT DES BUDDHISMUS

Der Buddhismus, eine der alten, bleibenden Religionen des Ostens, über fünfhundert Jahre älter als das Christentum, findet heute in der westlichen Welt zu neuen Quellen der Kraft, zu neuer Vitalität.

In ganz Europa, in Amerika und auch sonst auf der Welt fühlen sich Menschen, die auf der Suche nach einem sinnvollen Leben sind, in zunehmendem Maße zum Buddhismus hingezogen. Anfangs ist häufig intellektuelle Neugier das Motiv; an dessen Stelle tritt später oft eine tiefe spirituelle Erfüllung.

Frei nach dem französischen Ausspruch: *»Je suis athéiste… mais catholique«*, könnten viele westliche Anhänger des Buddhismus sagen: »Ich bin Christ… aber Buddhist« oder: »Ich bin Jude… aber Buddhist« – man könnte allerdings auch sagen: »Ich bin Atheist… aber Buddhist«, denn im Buddhismus betet man nicht zu einem Gott. Der Buddhismus befaßt sich mit unmittelbaren, menschlichen, praktischen Dingen, nicht damit, ob es einen Gott gibt oder nicht. Darum bedeutet ein Annehmen des Buddhismus auch nicht unbedingt das Ablegen des bisherigen Glaubens. Ein Buddhist respektiert alle Religionen.

In Wahrheit fordert der Buddhismus nichts von denen, die ihn annehmen – denn der Buddhismus ist weder dogmatisch noch katechetisch. Er predigt nicht über die Sünde. Er behauptet nicht, daß es nur einen einzigen rechten Weg gibt. Er bietet uns einen Weg zur Weisheit an, einen Pfad zur Erleuchtung. Das Wort Buddha selbst ist abgeleitet von *Buddh*, »wach sein«, »erleuchtet sein«. Der Buddha war ein menschliches Wesen, keine Gottheit, ein tief erleuchteter Mensch, der vor allem ein Lehrer war.

Der Buddha lehrte, wie man das »Gute Leben« lebt. Das lehrte er alle Menschen, sowohl Mönche als auch Laien. Ein »Gutes Leben« leben, das führt alle Menschen zum *Nirvana*, so lehrte der Buddha. *Nirvana* – das ist ein Begriff, der für den westlichen Menschen schwer zu verstehen ist. *Nirvana* erreichen – das ist in diesem Leben für den buddhistischen Mönch leichter als für den buddhistischen Laien, denn der eifrige, entsagungsvoll lebende, meditierende Mönch folgt 227 (!) Verhaltensregeln und kann so einfacher die möglichen Mängel überwinden, die in seinem aus vorhergehenden Leben übernommenen *Karma* enthalten sind – (noch ein schwieriger Begriff für den westlichen Menschen) –, oder in dem schlechten *Karma,* das er angesammelt haben mag, bevor er die Mönchsrobe anlegte.

Wir wollen hier nicht versuchen, die zahlreichen esoterischen Dimensionen von *Karma* zu erklären. Eine einfache, exakte Definition ist: »Gute Taten haben gute Folgen – schlechte Taten haben schlechte Folgen.« Für einen Buddhisten sind die schlechten Taten, die er in vergangenen Leben begangen haben mag, Hindernisse auf dem Weg zu spiritueller Erfüllung oder zur Erreichung von *Nirvana* in diesem Leben. Aber dieses Leben gibt uns eine Gelegenheit, »reinen Tisch zu machen« durch die Anhäufung guter Taten, durch gutes *Karma.*

Mag es für westliche Menschen auch schwierig sein, Begriffe wie »vergangene« und »zukünftige« Leben zu akzeptieren, das lebendige Gefühl für moralische Grundsätze, das jedem von uns eigen ist, selbst denen, die sich zeitweilig unmoralisch verhalten, läßt uns deutlich spüren: Es ist besser, Gutes zu tun, als sich schlecht zu verhalten. Es ist in jedem Falle besser für unser Gewissen, für den Frieden des Herzens und bringt uns eine heitere Gelassenheit.

Sie brauchen sich nicht um ein zukünftiges Leben, nicht um *Nirvana* zu kümmern, bereits in diesem Leben, hier und jetzt, sind ein gutes Gewissen, ein ruhiges Herz und verdienstvoller geistiger Fortschritt der gerechte Lohn Ihrer Bemühungen.

So bietet der Buddhismus sowohl für den Laien als auch für den Mönch eine Lebensweise an, die in ähnlicher Weise auch im Christentum, Judentum, Hinduismus, Islam und in anderen Weltreligionen angeboten wird.

Die Ähnlichkeit des Buddhismus mit anderen Religionen liegt in den moralischen Grundsätzen: Wir finden sie ebenso in den christlich-jüdischen *Zehn Geboten* wie im islamischen *Koran* als auch in den buddhistischen *Fünf Regeln.*

Der buddhistische Laie, anders als der buddhistische Mönch, übernimmt die Verpflichtung, sich in der Einhaltung von nur *Fünf Regeln* zu üben:

1) Kein Leben zerstören.
2) Nicht nehmen, was nicht gegeben wird.
3) Keine widerrechtlichen sexuellen Beziehungen eingehen.
4) Sich falscher Sprache enthalten.
5) Sich des Gebrauchs von Drogen enthalten, die Unachtsamkeit verursachen.

Diese Regeln werden in den folgenden Kapiteln besprochen.

Achten Sie bitte darauf, daß die Einleitung zu den *Fünf Regeln* die Worte enthält: »Ich übernehme die Verpflichtung, mich in der Enthaltung von... zu üben« – das bedeutet eine individuelle Verantwortlichkeit, die sich durchaus von der Befolgung der göttlichen Vorschriften des hebräischen und christlichen Dekalogs (Zehn Gebote) unterscheidet.

Der hauptsächliche Unterschied zwischen dem Buddhismus und den anderen Religionen liegt in der buddhistischen Wahrnehmung von *Dukkha*. Im Buddhismus gibt es kein wichtigeres Wort, kein wichtigeres Konzept als *Dukkha*. In der Beschreibung des *Theravada*-Buddhismus ist es schwierig und nicht ratsam, hier ein anderes Wort als das

Pali-Wort *Dukkha* zu gebrauchen, da es kein sinngemäßes Wort in der westlichen Sprache gibt. Pali ist die alte Sprache, in der die Lehre des *Theravada*-Buddhismus aufgezeichnet ist, während Sanskrit die ursprüngliche Sprache des *Mahayana*-Buddhismus ist. Das Pali-Wort *Dukkha* ist oft unzulänglich als Leiden oder als Schmerz übersetzt worden. Es bedeutet jedoch weit mehr: Im Pali wurde das Wort ebenso für eine nicht mehr zentrierte Achse gebraucht oder für ein verrenktes Glied. Bilder, an die man sich erinnern sollte, wenn man in der buddhistischen Lehre von *Dukkha* hört.

Die Erfahrungen, die Buddha als Beispiele von *Dukkha* nannte, machen uns das deutlicher als jede Definition. So lehrte der Buddha:

Geburt ist *Dukkha,* eine schreckliche traumatische Erfahrung.

Krankheit ist *Dukkha,* mit ihren Schmerzen, ihrem Fieber, den körperlichen Beschwerden und der Angst.

Verfall, Altersschwäche, Altern sind *Dukkha,* die schwindende Stärke und Lebenskraft, der nachlassende Appetit, das Versagen der vitalen Organe, die zunehmende Abhängigkeit von anderen.

Tod ist *Dukkha,* wie auch die Todesfurcht.

Ertragen müssen, was man nicht mag, ist *Dukkha.*

Nicht zu bekommen, was man mag, oder getrennt sein von den Menschen, die man liebt, ist *Dukkha.*

Bindung an das, was im Buddhismus fünf *Khandas* genannt wird (die fünf Aggregate, die einen individuellen Körper bilden), an den physischen Leib, an Gefühle, Wahrnehmungen, Absichten und Akte des Bewußtseins, ist *Dukkha.*

Bindung an den Begriff eines »Selbst« außerhalb der fünf *Khandas,* an den Begriff einer beherrschenden, beständigen, vielleicht unsterblichen Einheit, die wir als »Selbst« betrachten, ist *Dukkha.*

Wie auch immer *Dukkha* beschrieben wird, sei es als das Leiden, der Schmerz, das Unbefriedigende, die Krankheit, das aus dem Gleichgewicht Geratene, das Unerträgliche oder Verabscheuungswürdige; der Mann, der als Siddhartha Gotama geboren wurde, sah, bevor er der Buddha wurde, daß der Zyklus des menschlichen Lebens unentrinnbar *Dukkha* ist. Er machte sich daran, einen Weg für die Menschen zu finden, um *Dukkha* ein Ende zu bereiten. Diesen Weg hatte er gefunden, als er im Alter von fünfunddreißig Jahren Erleuchtung erfuhr. Die verbleibenden fünfundvierzig Jahre seines Lebens lehrte er. Er drückte es so aus: »Was ich lehre, ist *Dukkha* und die Aufhebung von *Dukkha.*«

Die Lehre des Buddha gründet sich im wesentlichen auf die *Vier Edlen Wahrheiten* des Buddhismus, deren erste ist: Es gibt *Dukkha.* Es muß jedoch erwähnt werden, daß das buddhistische Annehmen von *Dukkha* nicht gleichzusetzen ist mit einer Verleugnung von Glück, Freude, Leistung und Erfüllung, von Behagen und Wohlergehen, wie es in dem Pali-Wort *Sukkha* beschrieben wird (dem Gegensatz zu *Dukkha).*

Der Buddhist glaubt jedoch, daß die überwältigende Charakteristik der Existenz *Dukkha* ist, besonders wenn es uns an Weisheit mangelt zu begreifen, wie das Leben wirklich ist.

Westliche Buddhisten, die die *Erste Edle Wahrheit*, den Begriff *Dukkha,* annehmen und verstehen, fühlen sich besonders zu des Buddha *Vierter Edler Wahrheit* hingezogen, der Lehre von der Auslöschung von *Dukkha* durch den *Edlen Achtfachen Pfad.*

Die Erörterung der *Zweiten Edlen Wahrheit* (die Ursache von *Dukkha* ist Begierde) und der *Dritten Edlen Wahrheit* (die Auslöschung der Begierde führt zur Erleuchtung oder zum *Nirvana)* stelle ich zurück, um mich vorerst der *Vierten Edlen Wahrheit* und dem *Edlen Achtfachen Pfad* zu widmen.

Der *Edle Pfad* des Buddha lehrt acht Handlungsweisen, die in drei Gruppen unterteilt werden:

Handlungsweisen, die erforderlich sind für die Vervollkommnung der ethischen Haltung.

Handlungsweisen, die erforderlich sind für die Vervollkommnung der geistigen Disziplin.

Handlungsweisen, die erforderlich sind für die Vervollkommnung von Einsicht und Weisheit.

Die moralische und geistige Vervollkommnung wird von westlichen Buddhisten als besonders lohnende und dankbare Aufgabe empfunden, vielleicht weil sie am leichtesten zu verstehen und anzunehmen ist. Auf diese Weise beginnt der westliche Mensch im allgemeinen den Buddhismus zu praktizieren. So betritt er den Weg. Die Einsichts-Weisheits-Lehren, so glauben viele, seien nur den am meisten fortgeschrittenen asiatischen und westlichen buddhistischen Laien verständlich, vielleicht liegen sie sogar für die Mehrzahl der Mönche jenseits des Verstehens. Nur eine Handvoll hingebungsvoller, entsagender Mönche und die Rangältesten der buddhistischen Klöster mögen sie verstehen. Und doch sind die Einsichts-Weisheits-Lehren nicht so geheimnisvoll und esoterisch, daß sie sich jeglichem Verständnis entziehen. Intensive Praxis des *Edlen Achtfachen Pfades* führt geradewegs zum Verstehen der Lehren des Buddha.

Auf die Einsichts-Weisheits-Lehren werden wir später zurückkommen, nachdem wir die Lehren des Buddha zur Vervollkommnung der ethischen Haltung und geistigen Disziplin betrachtet haben. Zuerst werden wir jedoch auf den Buddha und sein Leben einen kurzen Blick werfen.

DER BUDDHA

Ein Höhepunkt in der Menschheitsgeschichte ist das Erscheinen eines wahrhaft einzigartigen, großen Menschen auf unserer Erde, eines Genies, das die Welt beeinflußt.

Es gibt viele leuchtende Beispiele dafür. Unter den Milliarden, die die Erde bevölkern, sind diese Menschen allerdings selten. In der Literatur gab es Shakespeare und Goethe, in der Musik Mozart, in der Kunst Leonardo da Vinci, in der Philosophie Plato, in der Wissenschaft Einstein, in der Religion Jesus, Moses, Mohammed und Konfuzius – und einen Mann, der Siddhartha Gotama hieß, den Mann, der der Buddha wurde.

Es gab sowohl den historischen Siddhartha Gotama als auch den Mann der mystischen Legende.

Siddhartha Gotama wurde 560 v. Chr. in einem blühenden Königreich im nördlichen Indien, im heutigen Nepal, geboren. Er war der Sohn des Königs und der Thronerbe. In seiner Jugendzeit lebte er als Prinz und wurde von seinen Eltern vor den rauhen Realitäten außerhalb des Palastes bewahrt. Er wuchs im Luxus auf und war ein Mann von außergewöhnlicher körperlicher Erscheinung – in den Schriften gibt es zahlreiche Hinweise auf die Vollkommenheit seines Körpers. Er heiratete eine schöne junge Frau, zeugte einen wohlgestalteten Sohn und war dazu bestimmt, seines Vaters Reichtum, Macht und Ansehen zu erben.

Als er neunundzwanzig Jahre alt war, entsagte er seiner königlichen Erbschaft, seinem vergänglichen Reichtum und sogar seiner Familie. Die Ursache hierfür waren die *Vier Ausfahrten*, wie sie die Legende nennt. Eines Tages sah er bei einer Ausfahrt einen altersschwachen Mann. Da erkannte er, daß es Alter gibt. An einem anderen Tage sah er einen Kranken auf der Straße liegen. Da sah er, daß es Krankheit gibt. Auf einer dritten Ausfahrt sah er eine Leiche. Da wurde er sich des Todes bewußt. Diese Wahrnehmungen erfüllten ihn mit Verzweiflung, aber auf der vierten Ausfahrt sah er einen brahmanischen Mönch, und er begann über das Leben eines Asketen nachzudenken. Er beschloß, dem weltlichen Leben zu entsagen und sich auf den Weg zu begeben. Er wollte begreifen, warum das Leben so voll ist von dem, was er später als *Dukkha* bezeichnet hat. Er suchte die letzte Wahrheit der Existenz, die zur Auslöschung von *Dukkha* führt.

Fast dreißig Jahre war er alt, als er aufbrach. Sechs Jahre lebte er als Einsiedler im Wald, zuerst als Schüler zweier berühmter Hindu-Meister. Als er fühlte, daß alles, was sie ihn lehren konnten, nicht genug war, trennte er sich von ihnen und gesellte sich zu einer Gruppe von Asketen. Mit ihnen praktizierte er eine derart strenge Askese und aß so wenig, daß er dem Tode nahe war. Er suchte Erleuchtung, doch weder das Studium bei den Hindu-Meistern noch die Askese hatte ihn zum Ziel geführt. Weder Zügellosigkeit noch Selbstkasteiung kann Erlösung bringen. So faßte der Buddha den Entschluß, einem »Mittleren Weg« zu folgen. Er widmete sich der geistigen Vervollkommnung und der mystischen Konzentration. In der Stadt Bodhgaya in Nordostindien setzte sich Siddhartha Gotama unter einen Feigenbaum (den Bo-Baum, von *Bodhi* = Erleuchtung) und begann zu meditieren. Er war entschlossen, nicht wieder aufzustehen, bis er die Wahrheit gefunden hatte. Er meditierte neunundvierzig Tage lang. Die lebendige Weisheit, die sich in ihm formte, brachte der Menschheit eine neue Religion. Als er aufstand, war er erleuchtet. Er war ein Buddha, bereit, auf dem Weg fortzuschreiten und andere zu lehren, wie sie zur Erleuchtung kommen konnten.

Bald nach seiner Erleuchtung predigte der Buddha einer kleinen Gruppe von Neugierigen. Die, die seine Worte hörten, wurden seine Schüler. Von da an lehrte der Buddha für den Rest seines Lebens. Er widmete sich allen, die seinen Rat, seine Weisheit, seine Barmherzigkeit suchten.

Als die Zahl seiner Schüler immer größer wurde, gründete er den *Sangha,* den buddhistischen Mönchsorden. Seine Schüler gaben seine Lehre von Generation zu Generation mündlich weiter. Erst lange Zeit nach seinem Tod, seinem *Parinirvana,* wurden die Worte Buddhas aufgezeichnet.

Wunderbare Legenden ranken sich um die Figur des Buddha. Eine umfangreiche Literatur wurde von seinen Nachfolgern hinterlassen, jedoch entsprechen die Fakten seines Lebens meiner kurzen Zusammenfassung.

Die zunehmend schnelle Ausbreitung des Buddhismus in Asien und jetzt auch in der westlichen

Welt überschreitet den Rahmen dieses knappen Werkes. Möge es genügen zu sagen, daß Siddhartha Gotama, der Buddha, die Welt änderte. Seine Botschaft, seine Weisheit und seine Lehre wurden dankbar und ehrfurchtsvoll von Millionen von Menschen angenommen, Menschen auf der Suche nach dem »Guten Leben«. »Sieh nach innen«, lehrte der Buddha, »denn *du* bist Buddha.«

DIE VERVOLLKOMMNUNG DER ETHISCHEN HALTUNG

Wie werde ich Buddhist?

Es gibt keine formelle Einführung, keine Weihe, keine Taufe. Ich fragte einst einen englischen Künstler, wie er Buddhist wurde. Er antwortete: »Ich bin nicht Buddhist geworden. Eines Tages wurde mir bewußt, daß ich Buddhist bin.« Viele westliche Buddhisten werden hierin mit ihm übereinstimmen.

Wenn ich mir bewußt werde, daß ich Buddhist bin, so kann ich dies formell bestätigen, indem ich dreimal wiederhole: »Ich nehme meine Zuflucht bei Buddha, ich nehme meine Zuflucht im *Dhamma* (den buddhistischen Lehren), ich nehme meine Zuflucht im *Sangha* (der buddhistischen Mönchsgemeinde).« Die, die in einen buddhistischen Tempel oder zu einem buddhistischen Mönch gehen können, sprechen diese Worte der Zuflucht im *Dreifachen Juwel* in Gegenwart eines

Mönches und rezitieren daran anschließend die *Fünf Regeln*.

Wenn ein westlicher Mensch zu der Überzeugung kommt, daß er Buddhist ist, dann ist das eine profunde persönliche und soziale Aussage. Dieser Mensch nimmt sich vor, dem Weg zu folgen. Er sagt: Ich glaube, wie es der Buddha lehrte, daß mein Verhalten wohlwollend, gütig, erfüllt von tiefem Mitgefühl, voll freudiger Sympathie und Gelassenheit sein sollte. Ich glaube, daß dies die Basis einer ethischen Haltung ist und daß diese ethische Haltung die Basis der menschlichen Gesellschaft sein sollte.

Des Buddha Vorschriften zur Vervollkommnung der ethischen Haltung – RECHTES HANDELN, RECHTES SPRECHEN, RECHTE LEBENSWEISE – entsprechen seinem Entwurf einer menschlichen Gesellschaft, die sich auf universelle Liebe und Barmherzigkeit gründet.

RECHTES HANDELN drückt sich aus in ehrenhaftem, friedfertigem Verhalten und hat seine Grundlage in den *Fünf Regeln:* Enthaltung von der Zerstörung von Leben, Enthaltung vom Stehlen, Enthaltung von widerrechtlichem Sex, Enthaltung von Drogen, Enthaltung von falschem Sprechen.

Die *Enthaltung von der Zerstörung von Leben* bedeutet für viele Buddhisten, daß sie keine Insekten töten oder daß sie kein Fleisch essen. Es gibt sogar einige Mönche, die kein Pflanzenleben zerstören, keinen Baum absägen, keinen Busch abschneiden, keinen Grashalm herausreißen und kein ungefiltertes Wasser trinken, um die Zerstörung von Lebewesen im Wasser zu vermeiden.

Der *Enthaltung vom Stehlen* ist die ausdrückliche Ermahnung hinzugefügt, nicht zu nehmen, was nicht gegeben wird. In diesem Sinne greifen Bettelmönche nicht nach der Nahrung oder den Almosen, die ihnen gereicht werden. Sie warten, bis diese Gaben in ihre Hände, in ihre Almosenschalen oder auf ihre Fingerspitzen gelegt werden.

Die Regel der *Enthaltung von widerrechtlichem Sex* enthält eine ausdrückliche Verurteilung von ehebrecherischem Sex und von Sex mit Minderjährigen. Der Buddha empfahl allgemeine sexuelle Zurückhaltung und Mäßigung für den Laien und das völlige Zölibat für den Mönch.

Die Regel der *Enthaltung von Drogen* besagt wörtlich: »... destillierte und fermentierte Drogen, die Unachtsamkeit hervorrufen.« (Ich fragte einst den Abt eines Tempels in Bangkok, warum so viele

Thai, die vermutlich gute Buddhisten sind, Alkohol trinken. Er sagte, er könne dies so lange dulden, wie sie nicht unachtsam würden – eine sehr großzügige Auslegung der Regel, allerdings nicht in völliger Übereinstimmung mit der Lehre.)

Die Regel der *Enthaltung von falschem Sprechen* meint nicht nur Enthaltung von der Lüge. *Falsches Sprechen* ist das Gegenteil von *rechtem Sprechen*.

RECHTES SPRECHEN ist die natürliche Folge von RECHTEM DENKEN. Es äußert sich in einer höflichen, rücksichtsvollen Haltung, die Streit vermeidet.

RECHTES SPRECHEN verlangt Enthaltung von schroffer Sprache, von übler Nachrede, von Klatsch, von falscher Zeugenaussage.

RECHTE LEBENSWEISE schützt Leben, anstatt es zu zerstören. Rechte Lebensweise bedeutet, daß man seinen Lebensunterhalt nicht damit verdient, andere Lebewesen zu schädigen oder zu töten. Dazu gehören das Schlachten von Tieren, der Waffenhandel, der Alkohol- und Drogenhandel, der Menschenhandel und der Handel mit Giften.

Der Buddha sagte: Verdient euren Lebensunterhalt ehrenvoll und untadelig, ladet nicht die Schuld auf euch, anderen zu schaden. Einige meinen, der Buddha würde vielleicht heute über die rechte Lebensweise anders reden. Das Schlachten von Tieren sei für die Nahrung und der Waffenhandel sei für die nationale Sicherheit von unabdingbarer sozialer Notwendigkeit. Vielleicht. Das Schlachten von Tieren ist eine Zerstörung von Leben – aber manche Menschen rechtfertigen es als unabdingbar für die Ernährung. Der Waffenhandel führt zur Zerstörung von Leben, aber manche rechtfertigen ihn als unabdingbar für die Verteidigung einer Nation. Ich überlasse es den Bierbrauern, Weinhändlern und Branntweinbrennern, sich selbst zu rechtfertigen.

Rechtes Handeln, rechtes Sprechen und rechte Lebensweise sind das Herz der buddhistischen ethischen Haltung. Sie beeinflussen alle Aspekte des Verhaltens: persönliches Verhalten, Verhalten in der Familie, soziales Verhalten. In zahlreichen Predigten (*Sutras* in Pali, *Sutras* in Sanskrit) gibt der Buddha genaue und ausführliche Anweisungen für den Laien, die praktisch jeden Aspekt moralischen Verhaltens im täglichen Leben betreffen. Der Buddha lehrte, daß moralisches Verhalten der erste, unerläßliche Schritt auf dem *Weg* ist. Ohne moralisches Verhalten wäre es nicht nur schwierig, sondern in Wahrheit unmöglich, geistige Vervollkommnung, Einsicht und Weisheit zu erlangen.

DIE VERVOLLKOMMNUNG DER GEISTIGEN HALTUNG

Der Buddhismus führt uns zur Vervollkommnung der geistigen Haltung durch die Meditation. Das ist ein weiterer starker Anziehungspunkt für den westlichen Menschen. Drei der acht Schritte des *Edlen Achtfachen Pfades* sind der Meditation gewidmet: RECHTE BEMÜHUNG, RECHTE ACHTSAMKEIT, RECHTE KONZENTRATION. Der Buddha betonte so die Bedeutung der Meditation für seine Lehre.

RECHTE BEMÜHUNG bedeutet, Willenskraft zu entwickeln, um den gewöhnlichen Lauf unserer Gedanken zu ändern. *Rechte Bemühung* heißt auch Einsicht in den Zustand unseres Geistes und damit unmittelbare Erkenntnis erlangen. Nur energisches Bemühen bringt Erfolg im Fortschreiten auf dem *Weg*, das betonte der Buddha mit Nachdruck. Unwissenheit, nicht Sünde ist die Ursache der menschlichen Schwierigkeiten, lehrte der Buddha. Der Mensch kann seinen Schwierigkeiten entgegentreten und sie überwinden. Es gibt Meditationstechniken, die gelehrt werden können und bei *rechter Bemühung* können wir sie erlernen. Es ist nicht leicht, gute Eigenschaften zu entwickeln, Leidenschaften zu zügeln, Selbstbetrug zu überwinden. Bemühung, persönlicher Einsatz und ausdauernde Meditation sind notwendig, um geistige Vervollkommnung zu erlangen.

RECHTE ACHTSAMKEIT erfordert ein unablässiges Bewußtwerden eines jeden Gedankens, eines jeden Wortes, einer jeden Tat. Damit wird eine ständige Kontrolle des Geistes über die Sinne erreicht. Das *Vipassana* ist eine Meditationsform, die der Ausbildung der *rechten Achtsamkeit* dient. Wir werden das *Vipassana* weiter unten besprechen.

RECHTE KONZENTRATION bedeutet, kurz gesagt, Meditation, die zur Ruhigstellung des Geistes führt.

MEDITATION

So wie wir heute viele verschiedene Formen der Meditation unterscheiden, hat es auch in der Vergangenheit die unterschiedlichsten Arten der Meditation gegeben. Die christlichen Mönche meditierten in der ägyptischen Wüste. Es meditierten die Jains, die Sufis, die Hindu-Yogis, die katholischen Mönche. Es gibt die transzendentale Meditation und die Schule des Zen. Hier interessieren uns besonders die Meditationsformen des *Theravada*-Buddhismus, die auf westliche Menschen eine besondere Anziehungskraft ausüben.

In ihrem deutlichen und klaren Buch *Buddhism, A Way of Life and Thought* gibt Nancy Wilson-Ross eine Erklärung der buddhistischen Meditationspraxis: »Zielbewußt strebt der Mensch nach Befriedigung, so als ob Befriedigung eine wahre Konstante des Lebens sei. Und doch ist dieser Glaube an die Erreichung eines dauerhaften Glücks, dieses Denken in traditionell menschlichen Kategorien aus der Sicht des Buddha die eigentliche Quelle des Leidens *(Dukkha)*. Der Mensch, nicht gewillt zu akzeptieren, daß das Leben seine Wünsche nicht ohne Einschränkung erfüllt, interpretiert dieses Geschehen als Mißerfolg, als Schiffbruch. Er findet sich in einer emotionalen Falle, die er sich selbst gestellt hat. Diese emotionale Falle ist das Produkt seines Ego (seines Glaubens an ein Ego). Der Glaube an ein Ego formt sich aus dem unersättlichen Appetit und den Illusionen des Selbst, aus seinen unglaublich sinnlosen, unerreichbaren Wünschen, aus seinem nie zu stillenden heftigen Verlangen oder Durst *(Tanha). Tanha* verleitet den Menschen dazu, vom Leben selbstverständlich zu verlangen, was das Leben seiner wahren Natur nach niemals geben kann.«

»Wie aber kann der Mensch Frieden finden inmitten dieses unablässigen, sinnlosen Kampfes im Zentrum der Unbeständigkeit? Es gibt nur einen Weg, den Weg der Loslösung und des mitfühlenden Gewahrwerdens: eines sich mehr und mehr vertiefenden Bewußtseins der gegenseitigen Abhängigkeit, der Beziehung des Menschen zum Kosmos. Wir haben nur eine Hoffnung: den definitiven Weg zur Entfaltung des Bewußtseins, zu dynamisch-heiterer Gelassenheit, den Weg der *Meditation* oder *ständigen Achtsamkeit.«*

Die Mehrzahl der westlichen Buddhisten praktiziert heute *Samatha,* eine Meditationsform, die zur Ruhe und Gelassenheit führt, zur Konzentration und Sammlung des Geistes auf einen Punkt. *Samatha* gleicht einer angenehm leichten Kühlung des Körpers und Geistes und wird immer häufiger von westlichen Ärzten zur Behandlung von erhöhtem Blutdruck und anderen Herzgefäßkrankheiten eingesetzt. Es ist wirklich so, wer *Samatha* praktiziert, stellt fest, daß es ihm in einer gehetzten Welt zu angenehmer Gelassenheit verhilft. Der Buddha lehrte, daß diese Beruhigung des Geistes, diese Gelassenheit, Voraussetzung für ein ausgeglichenes soziales Verhalten ist.

Einst stellte ich Phra Santi in Wat Umong einen meiner Freunde vor, einen Karrieremenschen. Mein Freund sagte, daß sein Leben zu gehetzt sei, um sich täglich hinzusetzen und zu meditieren. Geduldig erklärte ihm Phra Santi, daß er gerade deshalb nicht darauf verzichten sollte. In wenigen Minuten lehrte er ihn die Meditationsform des Einatmens und Ausatmens. Später vertraute mir mein Freund an, daß dies sein Leben verändert habe.

Es ist nicht einfach, den Geist zur Ruhe zu bringen. Der Buddha lehrte uns, daß alle Dinge dieser Welt unbeständig sind, am unbeständigsten jedoch ist der menschliche Geist. Nur bei intensivster Konzentration – bei schöpferischer, wissenschaftlicher oder kommunikativer Tätigkeit – ist es möglich, den Geist länger als einige Sekunden gesammelt auf ein bestimmtes Objekt zu richten. Die Buddhisten formulieren es so: Der Geist springt ununterbrochen und rastlos, wie ein Affe im Käfig. Der Geist fliegt hierhin und dorthin, wie ein Schmetterling. Ebenso unbegrenzt und ungezähmt wie unsere Träume ist auch der Strom unseres Bewußtseins, wenn wir erwachen. In der Tat, Psychologen haben festgestellt, daß wir eine Gedankeneinheit nicht länger als dreieinhalb Sekunden festhalten können. Die kinetische elektromagnetische Energie des Geistes hat ein Eigenleben. Das Ziel der *Samatha*-Meditation ist es, die geistigen Aktivitäten zu verlangsamen, die Wanderungen des Geistes unter Kontrolle zu bringen, den wandernden Geist zum Ausgangspunkt zurückzuführen, keine Notiz zu nehmen von den Sinneswahrnehmungen Sehen, Hören, Riechen, Schmekken, (körperliches) Fühlen.

Es gibt verschiedene Formen der *Samatha*-Meditation. Der Buddha empfahl bestimmte Formen für bestimmte Persönlichkeitstypen – für die gierige Person, für die ärgerliche Person, für die intelligente Person und so weiter – er lehrte sogar, wie sich die verschiedenen Persönlichkeitstypen von selbst offenbaren und erkannt werden können. Eine Form des *Samatha* jedoch empfahl er allen Menschen: die Meditation der Ein- und Ausatmung.

Diese Meditationsform ist einfach auszuführen und zu beschreiben: Setzen Sie sich auf den Fußboden, ein flaches Kissen ist im halben Lotussitz erlaubt, kreuzen Sie die Beine in Kniehöhe, legen Sie dabei das rechte Bein auf das linke Bein. (Der volle Lotussitz ist für die meisten westlichen Menschen zu schwierig). Halten Sie die Wirbelsäule aufrecht. Dic Hände sind mit nach oben gerichteten Handflächen im Schoß zusammengelegt, die linke Hand unter der rechten Hand, die Spitzen der Daumen sollten sich leicht berühren, die Augen sind geschlossen, das Kinn ist etwas angezogen.

Entspannen Sie sich in dieser Position. (Sie können bei der Meditation auch gerade auf einem harten Stuhl sitzen, den Oberkörper in der gleichen Position wie oben beschrieben.) Folgen Sie in voller Konzentration dem Strom Ihres Atems durch die Nasenlöcher und dem Heben und Senken des Bauches.

Das ist alles.

Versuchen Sie sich nicht von Klängen und

Gerüchen ablenken zu lassen. Vergessen Sie Sehvermögen, Tastsinn, Geschmackssinn und geistige Aktivitäten. Konzentrieren Sie sich nur auf das eine: Folgen Sie dem Ein- und Ausatmen. Tun Sie dies mindestens zehn Minuten lang. Versuchen Sie die Zeit auf zwanzig Minuten oder länger auszudehnen. Üben Sie täglich, jeden Morgen, jeden Abend, oder morgens und abends.

Obwohl ich nun alles so beschrieben habe, als sei es sehr leicht auszuführen, ist es in Wirklichkeit doch nicht so einfach. Der Geist ist nicht leicht zur Ruhe zu bringen. Darum werden Sie bitte nicht ungeduldig, wenn Ihre Gedanken hin- und herspringen. Das wird sich nicht vermeiden lassen. Innerhalb eines einzigen Atemzuges wird Ihr Geist zwischen einem Geschäftsproblem, einem Familienproblem, einer Sinneswahrnehmung, einer angenehmen und einer unangenehmen Erinnerung hin und her eilen. Sie werden hören, wie eine Tür zugeschlagen wird, wie ein Flugzeug über Sie hinwegfliegt, ein Baby weint, ein Radio spielt, ein Auto hupt. Sie werden ein Jucken auf dem Kopf spüren, einen zuckenden Schmerz im Beinmuskel, eine Reizung in Ihrem Verdauungssystem. Versuchen Sie diese Ablenkungen nicht zu beachten und kehren Sie zu Ihrer Konzentration auf das Ein- und Ausatmen zurück. Sie werden das zuerst schwierig finden, und vielleicht werden Sie etwas entmutigt sein. Fahren Sie unbeirrt fort zu meditieren. Gerade durch die Praxis der Meditation werden Sie nach und nach fähig sein, von Ablenkungen frei zu werden. Zuerst für einige Sekunden, später sogar für einige Minuten. Es wird nicht möglich sein, während der gesamten Meditationszeit Zerstreuungen zu vermeiden. Aber das spielt keine Rolle, denn auch eine kurze Ruhigstellung des Geistes ist wohltuend und nützlich. Einige Meditierende, besonders Mönche, können den Geist über lange Perioden hinweg ruhigstellen, so daß sie Stadien tiefer Versenkung *(Jhanas)* erreichen. In dieser tiefen Versenkung ist der Geist auf einen Punkt gerichtet, von keiner Zerstreuung getrübt, völlig von Glück, Freude und Einsicht erfüllt.

Der Buddha sagte: Der Geist ist launisch und flatterhaft. Er ist schwer zu bändigen und eilt umher, wo immer er möchte. Es ist gut, den Geist zu zähmen. Ein gezähmter Geist bringt Glück und Zufriedenheit.

Die wohltuenden Wirkungen von *Samatha* wie

Ruhe, Heiterkeit, Gelassenheit und das Nachlassen von Spannungen sind für viele westliche Meditierende eine befriedigende Belohnung für ihre Anstrengungen. Der konsequent Meditierende jedoch wird letzten Endes noch anderer Wirkungen gewahr: Er erkennt, daß das Selbst nicht Herr der sinnlichen Wahrnehmungen oder geistigen Aktivitäten ist, er erkennt, daß alles unbeständig und einem ständigen Wechsel unterworfen ist – kurz, es entfaltet sich jenes Bewußtsein, welches das Ziel der Meditationsform *Vipassana* ist.

Meine erste Einführung in die Meditation erhielt ich durch den Abt von Wat Saket in Bangkok und durch einen der Mönchsältesten, der dort Meditationsmeister ist. Nachdem ich einige Wochen meditiert hatte, fragte ich sie, mit welchen Erwartungen ich an die Meditation herangehen könne und welches meine Ziele sein sollten. Die Antwort war: Nicht fragen, nur meditieren.

Diese Antwort war für mich nicht sehr hilfreich, und ich bedaure, daß man mir nicht gesagt hat, daß meine Meditation zu einer Ruhigstellung des Geistes und zur Entfaltung des Bewußtseins führen sollte. Wenn man es mir gesagt hätte, wäre meine Meditationspraxis schneller wirksam geworden.

Heute verstehe ich jedoch, daß der gute Abt und sein Meditationsmeister nicht leichtfertig geantwortet haben, als sie sagten: »Nicht fragen, nur meditieren.« Manche Menschen kommen durch die Meditation geradewegs zum Verständnis der Meditation – davon sind auch die Zenmeister überzeugt. Bei mir war es nicht so. Ich erwähne dies, weil viele meiner westlichen Freunde ebenso wie ich entmutigt wären, wenn sie »nur meditieren« sollten, ohne zu verstehen, wohin es sie führt und warum.

Ich könnte hinzufügen, daß ich eine Technik gefunden habe, die für Anfänger hilfreich sein kann. Während ich mich zum Beispiel darauf konzentriere, meinen Atem zu beobachten, stelle ich mir gleichzeitig vor, wie mein Geist durch sanft dahinfließendes Wasser gekühlt wird. Oder ich stelle mir vor, wie das Licht meines Gehirns langsam durch einen Dimmer gedämpft wird. Oder ich stelle mir vor, wie die Flammen meines Geistes, wie bei einem Gasherd, ganz langsam abgedreht werden, bis nur noch die Zündflamme still brennt.

Phra Santi rät zu ähnlichen Bildvorstellungen. Er empfiehlt auch die schweigende Formulierung von *Bud-* bei jeder Einatmung, *-Dho* bei jeder

Ausatmung. Ebenfalls empfiehlt er: »Hier ... Jetzt. Jetzt ... Hier«, bei jedem Atemzug zu denken und sich darauf zu konzentrieren.

Die Meditation im Gehen ist ebenfalls eine Form des *Samatha.* In Asien wird sie häufig angewandt, während sie in den westlichen Ländern nicht so bekannt ist. Bei einer dieser Geh-Meditationen geht der Meditierende mit natürlichen harmonischen Schritten langsam rückwärts und vorwärts. Die Hände werden lose vor dem Körper oder im Rücken gehalten, der Blick ist schräg nach unten auf eine Stelle etwa einen Meter vor dem Gehenden gerichtet. Bei einer anderen Geh-Meditation konzentriert man sich auf die Bewegungen des Gehens: Ich hebe meinen linken Fuß, ich bewege ihn vorwärts, ich setze ihn nieder. Ich hebe meinen rechten Fuß, ich bewege ihn vorwärts, ich setze ihn nieder. Ich halte an. Ich drehe mich um. Ich bewege mich wieder vorwärts. Ich hebe meinen linken Fuß und so weiter.

Bei aufmerksamer Konzentration auf das Gehen fällt es leichter, Ablenkung zu vermeiden als bei der Atem-Meditation. Zweifellos ist die Geh-Meditation eine nützliche Übung zur Ausrichtung des Geistes auf einen Punkt. Es ist allerdings fraglich, ob sie den Geist ebenso wirksam ruhigstellt wie die Atem-Meditation.

Die Rezitation von heiligen Silben oder *Mantren* ist eine dritte Form des *Samatha.* Wir finden diese Praxis in der transzendentalen und in der tibetischen Meditation, aber auch in anderen Meditationsformen. Das brahmanische *Aum* ist eine solche heilige Silbe. Man nimmt an, daß diese Silbe der *Urlaut* ist. Die Hindus glauben, daß die schöpferische Kraft des *Aum* die Welt erschaffen hat und alle Aspekte des Universums in sich vereinigt.

In *The Tantric Mysteries of Tibet* erläutert John Blofeld das bekannte Mantra *Om Mani Padme Hum. Om* steht für die Gesamtheit des Klanges, die Totalität der Existenz; *Mani* für den höchsten Wert unseres eigenen Geistes, für die reine Leere, die wir finden, wenn wir die trüben Bewußtseinsschichten durchdringen, von denen sie verdeckt sind. *Padme* bedeutet Lotus, die sich entfaltende Spiritualität, die zu *Mani* hinführt; *Hum* ist unsere in der Anlage vorhandene Erleuchtung.

Gelegentlich hörte ich Phra Santi *Om Mani Padme Hum* singen. Das *Om* beginnt tief und sanft in seiner Kehle, echot in seinem Mund, durchfließt die Nasengänge und löst sich vibrierend von seinen Lippen. Es ist eine Erfahrung, die an das Mystische grenzt und die sogar einen Zyniker von der Wirksamkeit des religiösen Gesanges überzeugen könnte, wenn so gesungen wird, wie es ursprünglich gedacht war.

Das *Kasina* ist eine weitere Form des *Samatha.* Es wird von *Theravada*-Buddhisten ebenfalls empfohlen, um Ruhe und Konzentration zu fördern und den still gewordenen Geist auf einen Punkt zu richten. Man schaut auf eine farbige Scheibe, schließt dann die Augen und ruft das Bild ins Gedächtnis zurück. Verschiedene Farbscheiben mit entsprechenden Hintergründen werden in eigener Arbeit angefertigt, sie entsprechen Erdsymbolen und helfen, den beruhigten Geist zu sammeln. Das *Kasina* ist jedoch nicht sehr verbreitet.

Vipassana ist im Gegensatz zu *Samatha* eine Meditationsform zur besonderen Ausbildung der bewußten Wahrnehmung. Während man im *Samatha* Sinneswahrnehmungen, geistige und physische Aktivitäten und Ablenkungen nicht beachtet, richtet man im *Vipasssana* seine volle Aufmerksamkeit darauf. *Vipassana* ist eine intensive, schwierige Meditation. Minutenlang, stundenlang oder sogar tagelang konzentriert sich der Meditierende darauf, jede Tätigkeit, jeden Gedanken, jedes Gefühl bewußt wahrzunehmen. So ist man sich zum Beispiel beim Essen gewahr, daß man die Gabel hebt, die Gabel zum Mund führt, das Essen in den Mund einführt, das Essen kaut, das Essen schluckt, die Gabel zum Teller zurückführt, die Gabel ablegt. Auf jede Tätigkeit, auf jeden Gedanken richtet man bis ins kleinste Detail seine volle Aufmerksamkeit.

Das Ziel von *Vipassana* ist es, sich bewußt zu werden, daß die *fünf Khandas* – Körper, Gefühl, Wahrnehmung, Neigungen und Aktivitäten des Bewußtseins – unabhängig von einem Selbst entstehen und existieren, daß sie nicht von einem Selbst kontrolliert werden. Ein solches Gewahrwerden befreit uns von einer Bindung an ein Selbst, es enthüllt die sich ständig wandelnde, unbeständige Natur der *Khandas*, der Bestandteile der Existenz. Ist man sich der wahren Natur der *Khandas* nicht bewußt, ist *Dukkha* die Folge. Die Befreiung von einem Selbst hilft, Einsicht und Weisheit zu entfalten und mit Intelligenz die wahre Natur des Lebens zu erkennen. So folgt man Schritt für Schritt dem Weg bis zum endgültigen Ziel, der Erleuchtung.

Einige Meditationsformen sind mehr geeignet, den Charakter zu formen, als zur Gelassenheit, Sammlung des Geistes oder Einsicht zu führen. Diese Meditationsformen werden allerdings von Laien kaum praktiziert und auch von Mönchen selten geübt. Es sind Meditationen über die Eigenschaften des Buddha, über seine Lehre und die Mönchsgemeinschaft. Sie sollen zu einem besseren Verständnis des *Dreifachen Juwels* führen. Meditationen über die Zusammensetzung des Körpers, seine wenig anziehenden Bestandteile, wie Muskeln, Blut, Knochen, Säuren, Flüssigkeiten usw. sollen helfen, nicht an der Gesamterscheinung des physischen Selbst zu haften. Meditationen über den Tod sollen Energie hier und jetzt stimulieren, aber auch auf das Unvermeidliche vorbereiten und zur Furchtlosigkeit führen. Letzten Endes gehört zu diesen Meditationsformen auch das *Metta,* die Meditation über die allumfassende Liebe.

Eine weitere Erläuterung dieser interessanten und lohnenden Meditationen würde jedoch über den Rahmen dieser knappen Schrift hinausgehen. Hier empfehlen wir die vielen ausgezeichneten Bücher, die sich speziell mit der Meditation befassen.

DIE VERVOLLKOMMNUNG VON EINSICHT UND WEISHEIT

Die Vervollkommnung von Einsicht und Weisheit ist das zentrale Thema der buddhistischen Lehre und Schulung.

Buddha lehrte, daß die Pflege ethischen Verhaltens die erste Voraussetzung ist für die Entwicklung von Selbstdisziplin und die unerläßliche Grundlage für die Meditation, die zu Schlichtheit des Geistes, Gelassenheit und bewußtem Sein führt. Meditation ist die Basis für Einsicht und Weisheit, für ein Erkennen des Lebens, wie es wirklich ist.

Um Einsicht und Weisheit zu erlangen, müssen wir das Leben richtig *sehen.* RECHTES SEHEN bedeutet, die drei wesentlichen Merkmale aller Existenz richtig zu erkennen.

Erstens: Jede Existenz bedeutet Leiden, wenn der Mensch die wahre Natur der Dinge nicht erkennt (hier geht es um den Begriff *Dukkha,* den wir zu Anfang des Buches besprachen).

Zweitens: Jegliche Existenz ist vergänglich und unbeständig.

Drittens: Es gibt kein bleibendes Selbst oder keine bleibende Seele.

RECHTES SEHEN kann sich voll entfalten, wenn wir das RECHTE DENKEN pflegen, das heißt, die richtige Motivation und Haltung entwickeln und ausbilden. Das schließt ein, daß wir uns von den drei hauptsächlichen Verunreinigungen befreien: von ÄRGER, GIER und SELBSTBETRUG.

ÄRGER braucht keine weitere Erklärung.

GIER wird in dem buddhistischen Begriff *Tanha* genau definiert als heftiges Verlangen, egoistische Begierde, Bindung.

Tanha – in all seinen Bedeutungen – ist die Ursache des Leidens *(Dukkha).*

Dies ist die *Zweite Edle Wahrheit* (deren Erklärung wir bis jetzt zurückgestellt hatten).

Die Beseitigung von *Tanha* bringt das Leiden zu einem Ende – dies ist die *Dritte Edle Wahrheit.*

SELBSTBETRUG, auch »Unwissenheit« genannt, ist ein Mangel an Verständnis für die *Vier Edlen Wahrheiten:*

Da ist Leiden *(Erste Edle Wahrheit)*;

die Ursache des Leidens ist egoistisches Begehren *(Zweite Edle Wahrheit)*;

die Beseitigung egoistischen Begehrens beendet das Leiden *(Dritte Edle Wahrheit)*;

der Weg zur Beseitigung egoistischen Begehrens ist der *Edle Achtfache Pfad (Vierte Edle Wahrheit)*.

Viele westliche Buddhisten machen vor der buddhistischen Einsichts- und Weisheitslehre plötzlich halt, sie begrenzen ihre Praxis auf die Entwicklung ihrer ethischen und geistigen Haltung durch Meditation. Es mag sein, daß sie hier innehalten, weil sie fürchten, daß die Einsichts- und Weisheitslehren des Buddha zu esoterisch, zu schwer verständlich und zu anspruchsvoll sind, um sie in ihr tägliches Leben einzufügen.

Vielleicht haben sie auch nicht die Gelegenheit oder das Glück, einen Lehrer zu finden, der fähig ist, sich klar auszudrücken (wie Phra Santi), oder sie haben keinen Zugang zu vereinfacht geschriebenen Erklärungen. Viele Abhandlungen über buddhistische Einsichts- und Weisheitslehren, besonders auch Schriften asiatischer Autoren, sind so abstrakt, daß sie für westliche Leser schwer verständlich sind. Dies hängt zum Teil damit zusammen, daß die buddhistischen Begriff *Dukkha*, Leiden, *Tanha*, Gier, *Anicca*, Vergänglichkeit, *Anatta*, Nicht-Selbst, *Karma*, Ursache und Wirkung sowie Wiedergeburt und *Nirvana* in unterschiedlicher Weise interpretiert werden; oder aber es unterbleibt eine angemessene Interpretation für den westlichen Leser, da die Begriffsinhalte der Pali- oder Sanskrit-Worte dem asiatischen Autor so selbstverständlich und geläufig sind, daß er keine Erklärung für notwendig hält.

Über *Dukkha* haben wir bereits gesprochen.

Tanha sollte verstanden werden als heftiges Verlangen (Begierde), egoistisches und sinnliches Begehren, das Anhaften. Der Buddha lehrte, daß sinnliche Begierde, Begehren ewiger Existenz, Verlangen nach immerwährender Jugend, nach ständiger guter Gesundheit, nach weltlichem Glück und so weiter, die Ursachen sind von *Dukkha*, des Menschen Krankheit, Angst, Leiden und Unglück. Begierde kann dazu führen, anderen Menschen Schaden zuzufügen. Begierde führt zu inneren Ängsten und Spannungen, hervorgerufen durch den Kampf um das begehrte Objekt oder durch die Furcht, das Erreichte wieder zu verlieren. Die

Begierde fängt uns wie in einer Schlinge, doch die Freuden, die die Begierde uns bringt, können die tiefste Sehnsucht unseres Herzens nicht stillen.

Der Buddhismus lehrt, daß wir begehren, weil wir der Vorstellung von einem »Selbst« verhaftet sind. Durch bewußte und energische Anstrengung können wir uns von dieser Idee eines »Selbst« lösen. Wir können dieses »Selbst« loslassen.

Die Vervollkommnung von Einsicht und Weisheit führt zur Loslösung.

Wenn wir uns von der Begierde lösen, lösen wir uns auch vom Leid.

Anicca, Vergänglichkeit, wird von Christmas Humphreys in seinem *Populären Wörterbuch des Buddhismus (A Popular Dictionary of Buddhism)* als eines der drei wesentlichen Merkmale aller Existenz bezeichnet, die beiden anderen sind *Dukkha* und *Anatta.* Der Buddhismus lehrt, daß alles dem Gesetz von Ursache und Wirkung unterworfen ist, es entsteht durch vorausgehende Ursachen und ist selbst die Ursache nachfolgender Wirkungen. Darum gibt es keine unveränderliche Form des Seins, sondern nur den ständigen Fluß des Werdens und Vergehens.

Obgleich die Vergänglichkeit, der ständige Fluß,

das absolute Merkmal aller Existenz ist, so gibt es doch Menschen, die diese Realität nicht erkennen können oder nicht akzeptieren wollen. Der Buddha sagte, diese Menschen schaffen sich in ihrer Selbsttäuschung einen falschen Glauben an ein beständiges »Selbst«. Die meisten Menschen akzeptieren wohl den Begriff der Vergänglichkeit, haben jedoch Schwierigkeiten mit dem Begriff des Nicht-Selbst. Einsicht und Weisheit helfen, sich mit beiden Begriffen ernsthaft auseinanderzusetzen.

Anatta, »Nicht Selbst«. Hierüber schreibt Kenneth Ch'en in *Buddhism, the Light of Asia*: »Der Buddha hielt daran fest, daß der Glaube an ein bleibendes Selbst oder eine bleibende Seele eine der hinterlistigsten Täuschungen ist, denen der Mensch je unterlegen ist, denn er führt zum Anhaften. Das Anhaften läßt Egoismus entstehen, Egoismus ist die Quelle der Begierde nach Genuß und Ruhm, diese wiederum führen zum Leiden. Der falsche Glaube an ein bleibendes Selbst wird verursacht durch die irrtümliche Vorstellung einer bestimmten Einheit hinter den Elementen, die sich zusammenfügen, um ein Individuum zu bilden.«

»Buddha sagte: Überall habe ich nach einem beständigen Selbst, nach einer Seele (eben nach dieser Einheit) gesucht; gefunden habe ich jedoch nur ein Konglomerat der fünf *Khandas* oder Aggregate: den physischen Körper, Gefühle, Wahrnehmungen, Neigungen (Vorhaben, Willensäußerungen, geistige Formationen) und Bewußtsein. In jedem beliebigen Augenblick sind wir – wie Buddha lehrte – nur eine zeitweilige Mischung der fünf Aggregate, und da diese sich ständig verändern, ändert sich auch ihre Zusammenstellung. Unsere Existenz ist ein ununterbrochenes Fließen, eine lebendige Mischung, die in zwei aufeinanderfolgenden Augenblicken niemals die gleiche ist, die entsteht und wieder vergeht, sobald sie erschienen ist.«

»Warum also sollten wir diesem vergänglichen Wesen, in dem sich kein bleibendes Selbst, keine fortbestehende Seele findet, soviel Bedeutung beimessen? Wenn wir akzeptieren, daß es kein dauerhaftes, bleibendes Selbst gibt, wenn wir erkennen, daß das, was wir ›Selbst‹ nennen, nichts ist als ein Strom von dahinschwindenden physischen und psychischen Erscheinungen, dann lösen sich unsere egoistischen Wünsche und Eigeninteressen auf, Ängste und Enttäuschungen fallen von uns ab, innere Ruhe und Ausgeglichenheit (Frieden des Herzens) kehren ein.« Diese Wahrheit enthüllt sich uns mit der Vervollkommnung von Einsicht und Weisheit.

Wir sollten nicht denken: Ich habe Schmerzen, sondern: Da ist Schmerz. Nicht fühlen: Ich bin ärgerlich, sondern: Da ist Ärger. Nicht empfinden: Ich freue mich, sondern: Da ist Freude. Kurz, nicht »ich bin«, sondern »da ist«. Wir sollten erkennen, daß alles, was entsteht, das heißt alles, was »da ist« – wie Schmerz, Gefühle, Sinneswahrnehmungen, Stimmungen, Gedanken, Gemütsbewegungen – vorübergeht. Das ist das Gesetz der Vergänglichkeit: Was entsteht, vergeht. »Ich« ist ein Ausdruck, der für die gesellschaftliche Verständigung nützlich und notwendig ist, wir sollten jedoch erkennen, daß unser »Ich« als bleibendes Selbst nicht existiert. Wir sollten und können nicht daran haften.

Die meisten westlichen Buddhisten, die ich kennengelernt habe, sind intellektuell orientierte, geistig arbeitende Menschen, Akademiker, Künstler. Für sie besteht da ein Paradox: Obgleich sie intellektuell nachvollziehen können, was der Buddha über das Nicht-Selbst sagte, ist es doch schwierig für sie, in ihrem Herzen zu akzeptieren, daß sie kein »Selbst« haben, mit dem sie ihren Intellekt und ihre Emotionen kontrollieren können. Der westliche Mensch, insbesondere der Intellektuelle, glaubt, daß er sein Leben selbst »kontrolliert« und die Verantwortung dafür trägt.

Der Buddhismus bestreitet dies nicht. Zwar gibt es kein Selbst, keine Seele, der Buddhismus lehrt jedoch (ich zitiere Kenneth Ch'en): »... da ist nur ein Komplex mentaler und physischer Elemente, ständig aufeinanderfolgend, einander ablösend; dieser lebendige Komplex entsteht immer wieder neu aus den Früchten seiner Taten – darum kann er sich selbst kontrollieren und kann sich bemühen, sich zu bessern, so daß er fähig wird, durch angemessene Schulung das *Nirvana* oder die Befreiung zu erreichen.« Oder – abgesehen von *Nirvana* – für den praktischen westlichen Menschen unmittelbar anwendbar ausgedrückt: Er ist fähig, an einer Universität zu lehren, eine Novelle zu schreiben, einen Gebäudekomplex zu errichten oder erfolgreich künstlerische, wissenschaftliche oder geschäftliche Leistungen zu vollbringen. Ja, da ist etwas, das eine Kontrolle ausübt: Es ist nicht das Selbst, es ist *Karma.*

Karma – dies ist ebenfalls ein schwieriger und häufig mißverstandener buddhistischer Begriff. In *The Religions of Man* gibt Huston Smith eine gute Erklärung.

»(1) Es gibt einen Kausalzusammenhang, der jedes Leben an die vorausgegangenen und folgenden Leben bindet. Das heißt, die Bedingungen, unter denen sich ein Leben vollzieht, sind hervorgerufen durch die Art, in der die Leben gelebt wurden, die zu diesem Leben geführt haben.

(2) Inmitten dieses Kausalzusammenhanges bleibt der menschliche Wille frei. Die Ordnung der Welt achtet wohl darauf, daß bis zu einem gewissen Punkt jede Handlung vorherzusehende Konsequenzen hat; diese Konsequenzen fesseln jedoch nicht den Willen des Menschen oder bestimmen vollständig, was er tun muß. Der Mensch bleibt ein selbständig Handelnder, er hat stets die Freiheit, sein Schicksal zu bestimmen.

(3) Diese Kernpunkte unterstellen zwar die Wichtigkeit eines Kausalzusammenhanges im Leben, das bedeutet jedoch nicht, daß der Begriff eines Klumpens geistiger Substanz erforderlich wäre, eines ›Selbst‹, das von Leben zu Leben weitergegeben wird. Eindrücke, Ideen, Gefühle,

›Ströme von Bewußtsein‹, ›gegenwärtige Augenblicke‹ (Willensäußerungen – wie weiter unten von Walpola Rahula beschrieben), das ist alles, was wir finden, jedoch kein zugrundeliegendes geistiges Substrat... ein bleibendes Selbst, das immer Subjekt, niemals Objekt ist, ist nicht zu finden.«

Andere wichtige Dimensionen des Begriffes *Karma* erläutert der gelehrte Mönch Walpola Rahula aus Sri Lanka in seinem Buch *What the Buddha Taught*:

»Wir sollten uns an des Buddha eigene Definition für den Begriff Karma erinnern: Es ist die Willensäußerung (das Wollen), das ich Karma nenne. Nach meinem Willen handele ich durch Körper, Sprache und Geist. Willensentschluß ist geistige Gestaltung, geistige Aktivität. Der Wille richtet den Geist in die Sphäre der guten, schlechten oder neutralen Handlungen.«

»Nur Willensäußerungen – wie Absichten, Entschlüsse, Vertrauen, Konzentration, Weisheit, Energie, Begehren, Widerwille oder Haß, Unwissenheit, Dünkel, dic Idee eines Selbst usw. – können karmische Effekte hervorrufen.«

Diese Willensaktivitäten sind in dem Aggregat

(dem *Khanda*) der geistigen Formationen enthalten – sie werden fälschlich für ein bleibendes »Selbst« gehalten.

Walpola Rahula schreibt auch: »Die Theorie des Karma sollte nicht mit sogenannter ›moralischer Gerechtigkeit‹ oder mit ›Belohnung und Bestrafung‹ verwechselt werden... [Diese Ideen] entstehen aus der Vorstellung eines höheren Wesens, eines Gottes, der richtet, der ein Gesetzgeber ist und entscheidet, was richtig und was falsch ist. Die Theorie des *Karma* ist die Theorie von Ursache und Wirkung, von Handlung und Rückwirkung; es ist ein Naturgesetz, das nichts mit der Idee von Gerechtigkeit oder mit Belohnung und Bestrafung zu tun hat. Jeder Willensakt bringt seine Wirkungen oder Ergebnisse hervor. Wenn eine gute Handlung gute Wirkungen und eine schlechte Handlung schlechte Wirkungen hat... das ist in der Natur der Handlung selbst begründet, es ist das der Handlung eigene Gesetz.«

Wenn man *Karma* begreift, kann man auch die buddhistische Auffassung von der Wiedergeburt richtig verstehen. Hier sind Walpola Rahulas Kommentare wiederum besonders hilfreich:

»Es ist schwierig zu verstehen, daß gemäß der

Karma-Theorie die Wirkungen eines Willensaktes selbst in einem Leben nach dem Tode fortdauern können. Hier müssen wir uns klarmachen: Was ist Tod aus buddhistischer Sicht?«

»Wir haben bereits darüber gesprochen, daß ein lebendes Wesen nichts weiter ist als eine Verbindung von physischen und geistigen Kräften und Energien. Das, was wir Tod nennen, ist ein totaler Funktionsstillstand des physischen Körpers. Wenn die physischen Funktionen des Körpers vollständig stillstehen, so sagen wir: Das ist der Tod. Kommen beim Funktionsstillstand des Körpers auch alle anderen Kräfte und Energien zum Stillstand? Die buddhistische Antwort ist: Nein. Der Wille, das Wollen, das Begehren, der Durst nach Existenz, das Verlangen, mehr und mehr zu werden, ist eine ungeheure Kraft, die ganze Leben, ganze Existenzen bewegt. Dies ist die Kraft, die das Weltall in Bewegung hält, es ist die stärkste Energie dieser Welt. Aus buddhistischer Sicht steht diese Kraft beim Funktionsstillstand des Körpers nicht still. Diese Energie lebt nach dem Tode weiter, sie manifestiert sich weiterhin, in anderer Form, sie bringt eine erneute Existenz hervor, die man Wiedergeburt nennt.«

Man könnte fragen, warum können wir vergangene Leben nicht ins Gedächtnis zurückrufen, wenn es Wiedergeburt gibt. Die buddhistische Antwort ist: Wir können es nicht, weil unsere Gedächtniskräfte zu schwach sind. Es gibt eine buddhistische Meditationsübung, die uns dramatisch vor Augen führt, wie schwach unsere Erinnerungskräfte sind. Man ruft sich die Aktivitäten des vergangenen Tages ins Gedächtnis zurück – jede einzelne Handlung in umgekehrter zeitlicher Reihenfolge vom Augenblick des Zubettgehens am Abend bis zum Augenblick des Aufstehens am Morgen. Danach versucht man sich die Aktivitäten des Vortages ins Gedächtnis zu rufen – und so weiter –, es ist sehr schwierig.

Trotzdem Sie und ich uns wohl an einige Ereignisse aus unserer Vergangenheit, selbst aus unserer frühen Kindheit, erinnern können, das traumatische Erlebnis der Geburt können wir uns nicht ins Gedächtnis zurückrufen. Ebenso ist das, was in vorhergehenden Leben geschah, unserer Erinnerung nicht zugänglich. Einige Menschen sagen, daß sie sich an vergangene Leben erinnern können. Vielleicht haben sie recht. Der tibetische Buddhismus verlangt von zukünftigen Dalai Lamas, daß sie sich in ihrer Kindheit an Dinge erinnern, die sie in vergangenen Leben besessen haben, und daß sie diese Dinge identifizieren. Durch strenge Techniken wird die Erinnerung an frühere Leben geprüft und nachgewiesen. Buddha selbst sagte, daß man durch konsequente Meditation die Fähigkeit zur Erinnerung an vorausgegangene Leben erlangen könne, und es heißt, daß einige Mönche diese Fähigkeit zur Erinnerung entwickelt haben.

(Einst fragte ich den neunzigjährigen Abt eines buddhistischen Tempels in Sankhampaeng in der Nähe von Chiang Mai, ob er diese Fähigkeit zur Erinnerung habe. Er antwortete, daß die Regeln der Mönchsgemeinschaft, des *Sangha*, es den Mönchen nicht gestatten, eine solche Frage zu beantworten. Die Antwort »ja« sei überheblich, die Antwort »nein« hingegen entspräche vielleicht nicht der Wahrheit. Ein Mönch sollte niemals in irgendeiner Weise Anspruch erheben auf spirituelle Kenntnisse, Kräfte oder Grade der Erleuchtung – und doch nahm ich das Zwinkern in den Augen dieses freundlichen Abtes für eine Antwort, als er von seinem erhöhten Podium auf mich herablächelte.)

Die karmische Kraft der Wiedergeburt kann sich nach buddhistischem Glauben in den verschiedensten Formen manifestieren. Eine Wiederverkörperung als Insekt oder als größeres Tier, als körperloser Gott, gepeinigter Geist oder natürlich auch als Mensch ist möglich. Dies ist die wünschenswerteste Form der Wiedergeburt. Nur ein menschliches Wesen hat die Möglichkeit, moralisches Verhalten, geistige Disziplin, Einsicht und Weisheit zu entwickeln und so dem *Karma* zu entrinnen, den Zyklus der Wiedergeburt zu beenden und zum *Nirvana* zu gelangen.

Buddhisten interpretieren *Nirvana* auf zwei unterschiedlichen Ebenen. Nach klassisch buddhistischer Interpretation wird *Nirvana* erreicht, wenn am Ende eines menschlichen Lebens das höchste buddhistische Ziel verwirklicht ist: das Ende des Zyklus der Wiedergeburt. Nach zeitgenössisch buddhistischer Interpretation ist *Nirvana* auch Erleuchtung, die der Mensch während seiner Lebenszeit erlangen kann. *Nirvana* ist in beiden Fällen der Höhepunkt des erfolgreich beschrittenen *Edlen Achtfachen Pfades*: Der Mensch, der *Nirvana* erreicht hat, hat die Realität von *Dukkha* erkannt, von Vergänglichkeit und »Nicht-Selbst«; er ist frei geworden von Begierde, Ärger und Selbsttäuschung; er hat Einsicht und Weisheit gewonnen und ein moralisches, meditatives Leben geführt.

Ein Mensch, der *Nirvana* erreicht hat, der wahrhaft erleuchtet ist, wird nicht wiedergeboren werden, er wird der ununterbrochenen Folge von *Dukkha* entronnen sein. Zweifellos bedeutet für den Buddhisten *Nirvana* nicht Auslöschen oder Untergang (abgesehen vom Auslöschen von *Tanha*, vom Auslöschen von »Selbst«), es ist vielmehr Aufnahme in das Universelle, Vereinigung mit einer Energie, die jenseits ist von Wiedergeburt und Auslöschung.

In seinem Buch *Buddhism: Its Essence and Development (Buddhismus – Wesen und Entwicklung)* drückt Edward Conze dies so aus: »Im Buddhismus heißt es, *Nirvana* ist bleibend, beständig, ewig, unveränderlich, ohne Alter, unsterblich, ungeboren, ungeworden; es ist Kraft, Glückseligkeit und Wonne, die sichere Zuflucht, der Schutz, ein Ort unantastbarer Sicherheit; es ist die wirkliche *Wahrheit* und die letzte *Realität*, es ist das *Gute*, das höchste *Ziel* und die eine und einzige Vollendung unseres Lebens, der immerwährende, verborgene und unbegreifliche *Friede*.«

Wenn ein buddhistischer Mönch geweiht wird, wünschen ihm seine Familie und seine Freunde Erfolg auf dem Weg zum *Nirvana.* Für ihn ist es ein harter, schwieriger Weg, ein Weg, der zu hart und zu schwierig ist für einen Laien. Oft wird nun die Frage gestellt: Ist *Nirvana* nur für den Mönch erreichbar oder auch für den Laien? Nach zeitgenössischer buddhistischer Auffassung kann auch der Laie *Nirvana* erreichen.

Phra Santi – und auch andere zeitgenössische Mönche – geben den buddhistischen Laien Hoffnung und sprechen ihnen Mut zu auf dem Wege zum *Nirvana.* Ist Erleuchtung – so fragt Phra Santi – nicht letzten Endes *Nirvana*? Mich erfüllt dies mit Erstaunen, mein Gefühl sagt mir, daß nur der Mönch wahres *Nirvana* erreichen kann; dies hält mich jedoch nicht davon ab, weiterhin dem *Weg* zu folgen. Enge Freundschaft mit buddhistischen Mönchen hat mich davon überzeugt, daß nur sie, die entsagungsvollen, hingebenden Mönche, wirkliches *Nirvana* verdienen. Sie opfern so viel dafür. Sie bemühen sich so eifrig darum. Sie widmen jede Stunde des Tages *Nirvana.* Ein buddhistischer Laie wie ich sollte Realist sein und sich mit den vielen anderen Vorteilen begnügen, die die buddhistische Praxis mit sich bringt. Ich glaube, die meisten buddhistischen Laien, sowohl östliche als auch westliche, gehen diesen Kompromiß ein.

Buddha lehrte, daß menschliche Wesen, je nach ihrem *Karma*, sich auf unterschiedlichen Stufen der Entwicklung und Vollendung befinden, ihrem Fortschritt auf dem *Weg* entsprechend. Diejenigen, die am wenigsten fortgeschritten und am geringsten entwickelt sind, haben den längsten Weg zur Erleuchtung zurückzulegen; die am weitesten Fortgeschrittenen haben den kürzesten Weg. Im Buddhismus gibt es eine wunderbare Analogie, die den Menschen auf den verschiedenen Stufen seiner spirituellen Entwicklung mit dem Lotus vergleicht: Der Stengel steigt aus dem Schlamm empor, wächst hinauf durch das Wasser, bricht durch die Wasseroberfläche. Die Blüte entfaltet sich im Angesicht des Himmels. – Selten ist der Mensch, »der in Blüte steht«.

An diesem Punkt ist es angemessen, das Leben der buddhistischen Mönche zu betrachten, das »Gute Leben« der Mönchsgemeinde, jener Menschen, deren »Blüte sich entfaltet«.

DER BUDDHISTISCHE MÖNCH

Der buddhistische Mönch ist nicht verpflichtet, ein Gelübde auf Lebenszeit abzulegen; daher gibt es sowohl Mönche, die die Robe nur für kurze Zeit tragen – für ein paar Wochen, für ein paar Monate, sogar nur für ein paar Tage –, als auch Mönche für viele Jahre oder auf Lebenszeit.

In den Ländern des *Theravada*-Buddhismus, wie z. B. in Thailand, das ich am besten kenne, wird ein Mann für »unfertig« gehalten, solange er nicht Mönch zumindest auf kurze Zeit gewesen ist. Deshalb werden die meisten jungen Männer vor der Hochzeit für eine Periode von drei Monaten ordiniert, und zwar während der Regenzeit von Mitte Juli bis Mitte Oktober. Diese Periode heißt *Khao Pansa.* Manchmal bezeichnet man sie als buddhistische Fastenzeit, obwohl sie der christlichen Fastenzeit in keiner Weise entspricht. Für buddhistische Laien sind diese Monate zur traditionellen Zeit für eine kurzfristige Ordination geworden.

Eines der Motive für eine kurzfristige Ordination ist »Verdienst zu erwerben für die Eltern« – dies ist ein starkes Motiv. Ein anderes Motiv ist es, sich auf das Leben als Haushaltsvorstand und Familienoberhaupt vorzubereiten.

Der Mönch auf kurze Zeit lebt, während er die Robe trägt, unter den gleichen Bedingungen und mit der gleichen Disziplin wie der Mönch auf lange Zeit. Jeden Morgen verläßt er den Tempelbezirk, um in der Nachbarschaft mit der Almosenschale die Runde zu machen. Die Ortsbewohner füllen ihm Essen in seine Schale, daraus besteht seine Ernährung. Er ißt zwei Mahlzeiten am Tage, manche nehmen auch nur eine Mahlzeit. Die Mittagsmahlzeit ist die letzte Mahlzeit des Tages, danach darf er nur noch Flüssigkeit zu sich nehmen. Er meditiert, singt religiöse Gesänge, studiert das *Dhamma* (die buddhistische Lehre) und befolgt alle Mönchsregeln. Doch sollte man wissen: Er ist ein Laie, der die Mönchsrobe nur für kurze Zeit trägt; kein Mönch, der dem weltlichen Leben für immer entsagt hat. (Ein Mönch darf die Robe mit Erlaubnis seines Abtes ablegen, wann immer er es wünscht. Die Erlaubnis dazu wird nie verweigert und ist leicht erhältlich.)

Im Folgenden interessiert uns nun der Mönch, der allem entsagt hat, der Mönch auf Lebenszeit. Unter diesen Mönchen gibt es zwei Kategorien: zum einen die Mönche, die im Tempelbezirk in einer Mönchsgemeinde leben, zum anderen die Mönche, die als Eremiten, »Waldmönche«, einsam in den Wäldern leben, weitab von der Mönchsgemeinde oder der weltlichen Gesellschaft. Sowohl die Mönche im Tempelbezirk als auch die Eremiten weihen sich der Erleuchtung, dem Erreichen von *Nirvana.* Für den Eremiten bedeutet das praktisch den Ausschluß aller anderen Aktivitäten; der Tempelmönch widmet sich gelegentlich den Angelegenheiten der weltlichen Gemeinde, z. B. den buddhistischen Feiertagen, aber auch Grundstückseinweihungen, der Einsegnung eines neuen Heims oder eines Geschäftes, der Teilnahme an Bestattungs- und Einäscherungszeremonien und so weiter. Einen großen Teil ihrer Zeit widmen die Tempelmönche der Unterweisung der Novizen und der Kurzzeit-Mönche. Auch Laien, Männer und Frauen, werden einzeln oder in herkömmlichen Gruppen von Tempelmönchen unterrichtet.

Der Mönch auf Lebenszeit ist ein Mann von Charakter und von außerordentlicher Tugend. Er hat sich von Familie und Karriere, von allen weltlichen Angelegenheiten, vom Trachten nach Geld, von jeglichem geldlichen Besitz losgesagt. Er ist keusch, er ist arm, er besitzt nur wenig: seine Mönchsrobe, seine Almosenschale, Nadel und Faden, seinen Wasserfilter. Er ist ein Bettler, fast vollständig angewiesen auf die Wohltätigkeit der Laiengemeinde, der es eine besondere Ehre ist, Mönchen Almosen zu geben. Für die Laien ist es eine bevorzugte Gelegenheit, Verdienst zu erwerben.

Ein Tempelmönch lebt in einer einfachen *Khuti*, einer spartanisch möblierten Hütte mit niedrigem, schmalem Bett, harter Matratze, einem einfachen Stuhl mit gerader Rückenlehne, vielleicht einem einfachen Tisch und ein paar Brettern an der Wand für seine Bücher und Texte. Ein Eremit lebt unter einem schirmartigen Zelt, schläft auf einer Matte und hat überhaupt keinen materiellen Komfort.

Wenn ein Mönch seine Almosenrunden macht, nimmt er jedes Nahrungsmittel an, das in seine Almosenschale gelegt wird. Er bittet nie um etwas, akzeptiert, was ihm gegeben wird, und steht schweigend, mit gesenktem Blick, bis die Gabe erteilt ist. Es kann sein, daß er danach einen kurzen Segen für den Spender singt.

Wenn ein Laie einem Mönch einen Besuch abstattet, wenn er bei einem Problem um Rat bitten oder über Buddhismus sprechen möchte, werden er oder sie gewöhnlich Früchte, Blumen, Delikatessen oder auch die notwendigen Dinge des alltäglichen Lebens mitbringen wie z. B. Medikamente und Toilettenartikel, manchmal auch Bargeld für persönliche Bedürfnisse. Manche Laien »sponsern« einen Mönch (sie fördern und finanzieren ihn) und übernehmen es, für seine Bedürfnisse zu sorgen. Laien laden Mönche oft zu einer Vormittagsmahlzeit zu sich nach Hause ein.

Mönche stehen zu früher Stunde auf, wenn die Tempelglocken geläutet werden. Nachdem sie Toilette gemacht haben (Anziehen, Waschen und das Zimmer in Ordnung bringen), meditieren sie, bis es »hell genug ist, deutlich die Handflächen zu erkennen«. Dann machen sie ihre Almosenrunde, nach der sie in ihr Quartier zur Morgenmahlzeit heimkehren. Viele Mönche nehmen als einzige Mahlzeit die Morgenmahlzeit zu sich, manche noch eine zweite Mahlzeit, kurz nach elf Uhr vormittags, so daß sie vor zwölf Uhr mittags beendet ist. Der Rest des Tages ist der Meditation gewidmet; lesen, studieren, vielleicht ein Nachmittagsschläfchen halten, abends dann die Teilnahme an den feierlichen rituellen Gesängen während der Dämmerung. Der Mönch schläft nachts sechs Stunden, manchmal nur vier Stunden. Er führt ein enthaltsames asketisches Leben, er hat dem weltlichen Leben entsagt, um sich ganz der Meditation und dem buddhistischen Weg zu widmen. Er rasiert sich das Haupthaar (in Thailand auch die Augenbrauen), Symbol der Verneinung des Ego und der persönlichen Eitelkeit.

Heitere Gelassenheit, Freundlichkeit und Mitgefühl charakterisieren den Mönch auf Lebenszeit. Er übt sich ständig in der Loslösung von Ärger, Neid und Illusion.

Ethisches Verhalten entwickelt er in einem Grade, wie es selten von Laien erreicht wird. Buddhas Rat zur Führung eines »Guten Lebens« ist für ihn obligatorisch, er erkennt klar dessen Bedeutung und setzt ihn in die Praxis um.

Er übt geistige Disziplin, ungleich mehr als ein Laie, der vielleicht zwanzig Minuten täglich der

Meditation widmet. Der Mönch opfert fast alle seine wachen Stunden der Praxis von *Samatha* und *Vipassana*, Meditation ist letzten Endes das wesentlichste Element seiner klösterlichen Zurückgezogenheit.

Er pflegt Einsicht und Weisheit: das Wissen um *Dukkha*, die Entsagung von egoistischen Wünschen und besonders die Loslösung vom »Selbst«. Er kämpft – Buddha nannte ihn einen »Krieger« – gegen Entweihung und für Erleuchtung. Unerschütterlich beschreitet er den Weg zum *Nirvana*, jede Stunde seines Tages, jeden Tag seines Mönchslebens.

Eigentlich bedarf es keiner weiteren Erwähnung: Der Mönch wird von allen buddhistischen Laien respektiert, bewundert und verehrt, und das verdient er auch, zweifellos. Der junge Mönch, der die Robe vielleicht erst seit ein paar Wochen oder Monaten trägt, wird von den anderen Mönchen der Zeit seines Mönchsdienstes entsprechend respektiert; dem Mönch auf Lebenszeit wird ohne Einschränkung Ehre erwiesen. In Thailand bringt selbst Seine Majestät der König den Mönchen höchste Ehrerbietung entgegen. Auch er hat für einige Zeit die Mönchsrobe getragen.

Die buddhistische Mönchsgemeinschaft, der *Sangha,* nimmt auch westliche Menschen auf; nicht wenige sind in die buddhistischen Länder gekommen, um dort ordiniert zu werden und in einem Tempel zu leben. Phra Santi, selbst ein Mann aus dem Westen, sieht darin eine neue, inspirierende Kraftquelle für den Buddhismus. Die westlichen Mönche, die er persönlich instruiert und für die er sich bei der Ordination verbürgt hat, sind seiner Meinung nach außergewöhnlich aufrichtig und lauter und widmen sich hingebungsvoll der spirituellen Entfaltung; manchmal mehr als Asiaten, die Kurzzeit-Mönche werden. Ein westlicher Mensch, der sich entschlossen hat, die Mönchsrobe zu tragen, und sei es nur für eine begrenzte Zeitspanne, hat viel darüber nachgedacht – so glaubt Phra Santi. Ein solcher Mensch hat ein echtes, aufrichtiges Motiv und ist darum gründlich darauf vorbereitet, sich den materiellen Entbehrungen des Mönchsdaseins zu unterziehen, um sich spirituell entfalten zu können. Somit stärkt seine Ordination nicht zuletzt den Buddhismus und den Mönchsorden.

Frauen sind von der vollen Teilnahme am buddhistischen Klosterleben ausgeschlossen. Ihre Gegenwart könnte auf die Männer, die das Gelübde der Keuschheit abgelegt haben, ablenkend wirken. Jedoch können sie unter gewissen Beschränkungen in separaten klösterlichen Gemeinschaften leben. Im allgemeinen ermutigt man die Frauen enthusiastisch, dem buddhistischen *Weg* zu folgen, ebenso wie alle Menschen, ganz gleich, welche Rasse, welches Glaubensbekenntnis oder welchen sozialen Status sie haben. Die buddhistische Nonne, die *Mae-Chee*, trägt ein weißes Gewand. Sie rasiert sich Kopf und Augenbrauen ebenso wie der buddhistische Mönch. Sie lebt in abseits gelegenen Gebieten, die für sie reserviert sind. Mit der christlichen Nonne hat sie wenig gemein, außer daß sie beide spirituelle Erfüllung suchen. Auch ohne die begrenzten Gelübde und Regeln der *Mae-Chee* zu befolgen, können Frauen in den Tempelbezirk kommen und dort für eine gewisse Zeit als Laien unter Anleitung von Mönchen meditieren, lesen und studieren.

Phra Santi glaubt, daß sich die Rolle der Frau in der buddhistischen Gemeinschaft in dieser Zeit des Wandels bald wesentlich ändern wird und daß die Beschränkungen, die den Frauen auferlegt werden, bald beträchtlich liberalisiert werden. Er glaubt, daß sich die Frauen nicht diskriminiert fühlen und sich nicht davon abhalten lassen sollten, dem *Weg* zu folgen. Erfolgreiche Praxis auf dem *Edlen Achtfachen Pfad*, so sagt er, hat nichts damit zu tun, ob wir Mann oder Frau sind, sondern allein mit der Ernsthaftigkeit und Hingabe, mit der wir dem *Weg* folgen.

Relativ wenige Buddhisten tragen die Mönchsrobe, ob als Mönch oder als *Mae-Chee*. Die meisten Buddhisten, sowohl westliche als auch asiatische, sind Laien. Auch für einen Laien führt der *Weg* zu spiritueller Entfaltung, moralischer Befriedigung und geistiger Erfüllung – ebenso könnte der *Weg* ihn zur Erleuchtung führen oder sogar zum *Nirvana* –, obwohl sein Leben doch so verschieden ist von dem eines Mönches auf Lebenszeit. Doch selbst wenn wir dieses letzte Ziel nicht erreichen sollten: Ganz sicher geleitet uns der *Weg* zu dem »Guten Leben«, wie es der Buddha lehrte.

»DAS GUTE LEBEN« FÜR DEN LAIEN

Wenn man bedenkt, daß die Reden des Buddha über das »Gute Leben für den Laien« vor gut zweitausendfünfhundert Jahren gehalten wurden, kann man nur darüber staunen, wie aktuell sie heute noch sind. Sie sind in den Lehrreden des Buddha über Moral und Ethik enthalten, und sie betreffen praktisch jeden Aspekt des täglichen Lebens. Vielleicht hält mancher sie heute für idealistische Moralpredigten, doch die, die dem *Weg* folgen, bemühen sich, so gut sie können, sich so zu verhalten, wie der Buddha es empfahl; immer eingedenk dessen, daß der Buddha niemals befahl: »Du mußt«, sondern stets sagte: »Versuche es.«

Im Folgenden zitiere ich größtenteils Auszüge aus einigen ins Englische übersetzten Büchern des Pali-Kanons in des Buddha eigenen Worten. In einigen Fällen habe ich zum besseren zeitgenössischen Verständnis den Text etwas abgewandelt.

DAS VERHALTEN IN DER FAMILIE

Das Heim einer liebevollen Familie ist wie ein Blumengarten.

Zwietracht in der Familie ist wie ein Sturm, der Verwüstung im Garten anrichtet. Wenn Streit in der Familie entsteht, schiebe die Schuld nicht auf andere, sondern prüfe deine eigenen Motive, deine Haltung und dein Benehmen. Selbst ein kleines Mißverständnis kann sich zu einem ernsthaften Streit ausweiten, der Mißgeschick und Unglück über die Familie bringen kann.

KINDER UND ELTERN

Kinder sollten auf die Bedürfnisse ihrer Eltern achten. Sie sollten den Reichtum ihrer Eltern nicht verschwenden. Sie sollten für ihre Eltern im Alter sorgen. Sie sollten die Bestattungszeremonien für ihre Eltern vollziehen.

Eltern sollten ihre Kinder erziehen; das heißt, sie sollten sie lehren und schulen, um ein schlechtes Benehmen ihrer Kinder zu vermeiden. Sie sollten ihren Kindern eine gute Ausbildung ermöglichen. Sie sollten darauf achten, daß ihre Kinder in gute Familien heiraten. Sie sollten ihren Kindern ihren Besitz vererben.

Familienoberhäupter sollten in rechtschaffener, angemessener Weise ausreichenden Wohlstand schaffen, der wirtschaftliche Sicherheit gewährleistet. Sie sollten ihren Wohlstand für sich selbst und ihre Familie, ihre Verwandten und Freunde und für Taten, mit denen sie Verdienst erwerben können, freigebig und klug verwenden. Sie sollten von Schulden frei bleiben.

EHEMÄNNER UND EHEFRAUEN

Ehemänner sollten ihren Frauen mit Höflichkeit und Rücksichtnahme begegnen, sie sollten ihnen Ehre erweisen (Frauen sollten sich ebenso verhalten). Sie sollten liebevoll und treu sein. Sie sollten ihren Frauen Ansehen und Einfluß verschaffen. Sie sollten das Leben sicher und angenehm für ihre Frauen gestalten. Sie sollten ihre Frauen glücklich machen, indem sie ihnen Kleidung und Schmuck schenken.

Ehefrauen sollten den Haushalt führen. Sie sollten gastfreundlich und gütig zu Gästen, Freunden, Verwandten und zu den Angestellten des Mannes sein. Sie sollten liebevoll und treu sein. Sie sollten sparsam und wirtschaftlich mit dem Verdienst ihres Mannes umgehen und sein Geld nicht verschwenden. Sie sollten achtsam und rege, intelligent und tüchtig sein.

(Da gibt es wenig, was eine befreite Frau von heute stören könnte, außer vielleicht die Führung des Haushalts. Der Buddha hätte das möglicherweise geändert, wenn er den heutigen Status der Frau vorausgesehen hätte.)

FREUNDE, VERWANDTE UND NACHBARN

Freunde, Verwandte und Nachbarn sollten sich untereinander großzügig und gastfreundlich verhalten. Sie sollten liebenswürdig und aufrichtig miteinander sprechen. Sie sollten gegenseitig um ihr Wohlergehen besorgt sein. Sie sollten nicht streitsüchtig oder zänkisch sein. Sie sollten sich in schwierigen Zeiten gegenseitig Hilfe anbieten. Sie sollten den, der sich in einer ernsten Notlage befindet, nicht im Stich lassen.

FALSCHE UND WAHRE FREUNDE

Ein falscher Freund ist derjenige, der dich finanziell ausbeutet, der von dir etwas nimmt, ohne dir etwas zurückzugeben, der selbstsüchtig ist, der allzu höflich ist, der dich mit übertriebenen

Schmeicheleien eindeckt, der mit allem übereinstimmt, was du sagst oder tust, der dich ins Gesicht hinein lobt und dich hinter deinem Rücken verleumdet, der Ausreden erfindet, wenn du ihn um einen Gefallen bittest.

Ein wahrer Freund ist derjenige, der dir brauchbare Ratschläge gibt, der mitfühlend und verständnisvoll ist, der standhaft und treu ist, der dich verteidigt, wenn du Schutz brauchst, der dein Eigentum schützt, wenn du es vernachlässigst, der dir in einer Notlage Zuflucht gewährt, der dir in jeder Weise hilft, dein Glück zu verwirklichen, der Vertrauen in dich setzt und dem du vertrauen kannst, der dich von deinen schlechten Angewohnheiten abbringt und dich zu deinen Tugenden ermutigt, der deine Sorgen und Freuden teilt, der diejenigen zurechtweist, die schlecht von dir sprechen, und diejenigen lobt, die gut von dir sprechen, der, wenn notwendig, jedes Opfer bringt, um dein Leben zu retten.

ARBEITGEBER UND ARBEITNEHMER

Arbeitgeber sollten ihren Arbeitnehmern nur Arbeiten übertragen, für die die Arbeitnehmer die nötige physische Stärke und die erforderlichen geistigen Fähigkeiten mitbringen. Sie sollten ihnen angemessene Löhne oder Gehälter zahlen und für den Krankheitsfall Vorsorge tragen. Sie sollten ihren Arbeitnehmern Urlaub und Sonderzulagen gewähren.

Arbeitnehmer sollten tatkräftig arbeiten und die Verantwortung nicht scheuen. Sie sollten ehrlich sein und ihren Arbeitgeber niemals betrügen. Sie sollten offen und aufmerksam sein. Sie sollten gut von ihrem Arbeitgeber sprechen.

(Buddhas Zeit war eine Zeit der Herren und Diener. Dies trifft in Ländern wie Thailand immer noch zu, dort ist es üblich, selbst bei bescheidenem Einkommen, Bedienstete im Haushalt zu beschäftigen. Unter anderem ermahnt der Buddha die Bediensteten: »Steht vor euern Herren auf und legt euch nach ihnen zur Ruhe.« Dies wurde damals und wird bis heute in Thailand nicht als Ausbeutung betrachtet, sondern lediglich als Beitrag zur Ordnung und zum Wohlergehen im Hause.)

Der Buddha sagte weiterhin: Diejenigen, die im Geschäftsleben betrügen, die schwindeln oder anderen etwas vormachen, schädigen sich selbst ebenso wie die, die sie getäuscht haben, denn die guten und schlechten Taten der Menschen *(Karma)* fallen auf sie selbst zurück.

Außerdem gab der Buddha den Geschäftsleuten noch diesen zusätzlichen Rat: Ein Viertel ihres Einkommens sollten sie den laufenden Ausgaben vorbehalten, ein Viertel sollten sie für die Zukunft zurücklegen, zwei Viertel sollten sie ins Geschäft investieren.

DAS VERHALTEN DES MANNES GEGENÜBER DER FRAU

Ein Mann sollte mit reinem Herzen zu einer Frau sprechen. Wenn sie alt ist, sollte er zu ihr so liebevoll sein wie zu seiner eigenen Mutter. Ist sie älter als er, sollte er sie so respektvoll behandeln wie eine ältere Schwester. Ist sie jünger als er, sollte er sich zu ihr so aufmerksam verhalten wie zu einer jüngeren Schwester. Ist sie ein Kind, sollte er sie rücksichtsvoll und höflich behandeln.

SOZIALES VERHALTEN

Enthalte dich der Verleumdung und üblen Nachrede, enthalte dich einer Redeweise, die Haß, Feindschaft, Uneinigkeit und Disharmonie hervorrufen kann. Enthalte dich einer Sprache, die hart, roh, unhöflich, gehässig oder beleidigend ist. Enthalte dich eines müßigen, dummen Geplappers. Beteilige dich nicht am Klatsch. Wenn du nichts Freundliches, Wohlwollendes, Sinnvolles oder Nützliches zur Unterhaltung beitragen kannst, bewahre ein vornehmes Stillschweigen.

Sei tolerant mit dem Intoleranten. Sei milde mit dem Heftigen. Wenn du Macht über andere hast, sei gütig; besonders zu den Schwachen. Sei geduldig, beherrscht, mitleidsvoll.

Sei frei von Habgier unter den Habgierigen. Bereichere dich nicht am Verlust anderer.

Statt die Schuld bei anderen zu suchen, schau auf deine eigenen Missetaten. Fälle kein hartes Urteil. Sieh beide Seiten und urteile gerecht.

Verachte oder täusche andere Personen nicht, wünsche ihnen nichts Böses. Begegne Haß mit Freundlichkeit, dem Üblen mit Güte, der Habgier mit Großzügigkeit, den Lügen mit der Wahrheit.

Die Stellung eines Menschen in der Gemeinschaft wird nicht durch seine Geburt bestimmt, sondern dadurch, wie er sich um die Gemeinschaft verdient macht. Nicht seine Abstammung, sein Verhalten und sein Charakter sind entscheidend.

Du solltest versuchen, alle Menschen gleich zu behandeln. Du wirst andere insoweit verstehen, als es dir gelingt, dich selbst zu verstehen. Du wirst Sympathie für andere empfinden, wenn dir klar wird, daß sie das gleiche Leid *(Dukkha)* erfahren wie du selbst. Liebe die anderen, wie du dich selbst liebst. Indem du dich selbst durch Achtsamkeit schützt, schützt du gleichzeitig die anderen. Indem du die anderen durch Güte und Geduld schützt, schützt du gleichzeitig dich selbst.

RELIGIONEN

Setze die Religionen anderer nicht herab und schätze sie nicht gering. Verdamme die Religionen anderer nicht. Erweise Ehre, wem Ehre gebührt. Höre zu, sei wißbegierig, sei gewillt, die Lehren anderer zu verstehen.

NÜTZLICHES HANDELN

Diese Einstellung, so lehrte der Buddha, bringt allen Menschen Gewinn:

Sei in deiner Arbeit, deinem Geschäft, deinem Handwerk oder deinem Beruf erfahren, tüchtig, gewissenhaft, tatkräftig und gut unterrichtet. Sichere dein Einkommen. Halte deine Ausgaben im richtigen Verhältnis zu deinem Einkommen, nicht zu hoch, nicht zu niedrig. Sei nicht geizig. Horte keinen Reichtum. Sei nicht verschwenderisch, sondern lebe deinen Verhältnissen entsprechend.

Geselle dich zu guten Freunden, die treu, gebildet, rechtschaffen, freisinnig und intelligent sind; schließe dich denen an, die dir helfen, den rechten Weg einzuschlagen und dich von Bösem fernzuhalten.

Habe Vertrauen und Zuversicht in moralische, spirituelle und geistige Werte.

Übe Nächstenliebe und sei freigebig ohne Bindung an Besitz oder Verlangen nach Besitz.

BESITZ, WOHLSTAND

Dies sind die vier Voraussetzungen zur Erreichung von Wohlstand: mit entschlossener Energie arbeiten, das Erarbeitete erhalten, ein einfaches Leben leben, den Umgang mit guten Leuten pflegen.

Wenn du Wohlstand und Besitz erlangt hast, betrachte ihn nicht als dein alleiniges Eigentum. Lasse andere daran teilhaben. Mache Rücklagen für dringende Bedürfnisse deines Volkes und Staates. Mache Rücklagen für die dringenden Bedürfnisse religiöser Lehrer. Spare einiges für Notfälle.

Und vergiß nie: Zufriedenheit ist der größte Reichtum.

WOHLTÄTIGKEIT UND FREIGEBIGKEIT

Mache dich nützlich, indem du denen, die in Not sind, gut verwendbare Dinge gibst: Essen, Kleidung, Geld. Sei wohltätig, auch wenn du arm bist, aber nicht zum Schaden für dein eigenes Wohlergehen.

Ein wirklich rechtschaffener Mensch hilft aus reinem Mitgefühl denen, die in Not sind; er tut es nicht in der Hoffnung auf persönlichen Gewinn oder um Verdienst zu erwerben; er kümmert sich nicht darum, ob man seine Freigebigkeit bemerkt oder anerkennt.

UNETHISCHES VERHALTEN

Der Buddha gab allen Laien den Rat, unethisches Verhalten in jedem Fall zu vermeiden, das heißt: Feindseligkeit und Böswilligkeit gegenüber anderen, Heuchelei, Falschheit und Hinterlist, die Aneignung des Eigentums anderer, das Betrügen von Gläubigern, indem man leugnet, daß man bei ihnen Schulden hat. Auch sollte man nicht falsches Zeugnis ablegen, nicht die Ehe brechen und nicht versäumen, seine alten Eltern zu unterstützen.

Man sollte kein Familienmitglied verletzen, weder durch Worte noch durch Schläge, man sollte niemanden kränken, indem man ihm einen falschen Rat erteilt oder es versäumt, seine Gastfreundschaft zu erwidern.

Besonderen Nachdruck legte der Buddha auf die Beseitigung von Geiz, Neid, Gerissenheit, Grausamkeit und roher Sprache.

Alle Laien sind eingeladen, sich in der Praxis der *Fünf Regeln* zu üben.

FEINDSELIGKEIT

Haß kann nicht durch Haß beseitigt werden. Haß kann nicht durch den Gedanken gemildert werden, daß der andere mich mißbraucht, geschlagen, besiegt oder beraubt hat. Hasse nicht diejenigen, die dich hassen. Haß kann nur durch Liebe gemildert werden.

Sprich nicht grob zu anderen, sie werden nur grob antworten.

Eine ärgerliche Sprechweise bringt Unannehmlichkeiten und Verdruß.

Ertrage eine Beleidigung, ohne eine ärgerliche Antwort zu geben.

Der Rechtschaffene gewinnt nicht durch Gewaltanwendung.

ZÜGELLOSIGKEIT (TRUNKSUCHT)

Der Buddha sagte: Die Folgen der achtlosen Trunkenheit sind Verschwendung von Besitz, Streitlust, Krankheit, Skandal, Ablehnung durch die Gesellschaft und Schwächung des Verstandes.

DIE VERSCHWENDUNG VON BESITZ

Folgendes, so lehrte der Buddha, führt zur Verschwendung von Besitz: sich Rauschmitteln hingeben, Trinkgelage abhalten (wörtlich: die Nacht mit Herumziehen in der Stadt verbringen), in Nachtklubs herumsitzen (wörtlich: sich ständig auf Jahrmärkten herumtreiben), dem Müßiggang und der Spielleidenschaft frönen, sich in schlechter Gesellschaft aufhalten.

MÜSSIGGANG

Ein fauler Mensch findet viele Ausreden, um die Arbeit zu vermeiden: Es ist zu heiß, um zu arbeiten. Es ist zu kalt. Es ist noch zu früh, um zu arbeiten. Es ist zu spät. Ich habe nicht genug gegessen, um arbeiten zu können. Ich habe zuviel gegessen. Ein solcher Mensch geht durch das Leben, ohne sich um Pflicht und Verantwortung zu kümmern. Er ist nicht in der Lage, Besitz zu erwerben oder zu erhalten.

Wenn etwas zu tun ist, packe es tatkräftig an.

SCHWERER DIEBSTAHL

Armut ist die Ursache des Diebstahls. Eine Bestrafung des Übeltäters ist sinnlos. Verbesserte wirtschaftliche Bedingungen sind die Voraussetzungen zur Ausrottung schweren Diebstahls.

AN DIE REGIERENDEN

Der Buddha schlug zehn Regeln für die Regierenden vor. Diese Regeln waren für die Könige seiner Zeit bestimmt, heute richten sie sich an Staatsoberhäupter, führende Politiker, hohe Beamte der gesetzgebenden, gerichtlichen oder vollziehenden Behörden; an jeden, der das Vertrauen des Volkes besitzt und für das Gemeinwohl verantwortlich ist:

1. Sei vorurteilsfrei, freigebig, wohltätig. Benutze deine Stellung nicht, um Besitz und Vermögen anzusammeln.
2. Gehorche den *Fünf Regeln*: Zerstöre kein Leben, enthalte dich der Lüge und des Diebstahls, enthalte dich von widerrechtlichem Sex und von achtlosem Gebrauch von Rauschmitteln.
3. Mache das Wohlergehen deines Volkes zu deinem innersten Anliegen.
4. Regiere mit Rechtschaffenheit. Betrüge dein Volk nicht.
5. Sei freundlich, gütig und herzlich.
6. Führe ein einfaches Leben, übe Selbstbeherrschung und sei nicht genußsüchtig.
7. Hasse niemanden.
8. Fördere Frieden und Gewaltlosigkeit.
9. Sei geduldig, tolerant und nachsichtig.
10. Widersetze dich nicht dem Willen des Volkes.

QUELLEN DES GLÜCKS

Die »Zehn Quellen des Glücks« für den Laien, wie sie der Buddha in seinem *Mahangala Sutta* zitiert, sollen dieses Kapitel über das »Gute Leben« für den Laien zum Abschluß bringen.

Quellen des Glücks für den Laien sind:

1. Den Weisen zu dienen und Ehre zu erweisen, wem Ehre gebührt.
2. In einem angenehmen Land zu wohnen, in einem früheren Leben gute Werke getan zu haben, die rechten Wünsche zu hegen.
3. Klarheit des Geistes, angenehme Redeweise, Gelehrsamkeit und Selbstbeherrschung zu pflegen und zu entwickeln.
4. Die Eltern zu unterstützen, für den Ehegatten und die Kinder zu sorgen, einen friedlichen Beruf auszuüben.
5. Almosen zu geben, ein rechtschaffenes Leben zu leben, seiner Familie zu helfen, zu handeln ohne Fehl und Tadel.
6. Das Üble zu verabscheuen und vom Bösen abzulassen; keine Rauschmittel zu sich zu nehmen; unbeirrt fortzufahren, Gutes zu tun.
7. Ehrerbietig und bescheiden, zufrieden und dankbar zu sein, die buddhistische Lehre zu studieren (das *Dhamma*).
8. Geduldig und freundlich zu sein, sich unter friedlichen, gewaltlosen Menschen aufzuhalten, in angemessener Weise von spirituellen Dingen zu sprechen.

9. Selbstbeherrschung zu üben, die *Vier Edlen Wahrheiten* zu kennen, *Nirvana* zu verwirklichen.
10. Gelassenheit zu bewahren, Kummer und Leidenschaft keinen Raum zu gewähren.

GLAUBENSBEKENNTNIS
EINES BUDDHISTEN

Alle meine Handlungen, alle meine Gedanken sollen rechtschaffen und ehrlich sein.

Alle Menschen und alle Lebewesen will ich mit teilnehmendem Verständnis, Mitgefühl und liebender Güte behandeln.

Ich will dem Ärger widerstehen.

Ich will von der Habgier ablassen.

Ich will inneren Frieden und Gelassenheit pflegen.

Ich will meditieren, ich will mir aller meiner Handlungen, aller meiner Gedanken bewußt sein.

Ich will jedes egoistische Begehren und alle Vorstellungen von einem »Selbst« von mir weisen, ebenso jede Idee von Fortdauer und Beständigkeit.

Ich will die Vergangenheit nicht bereuen und mir um die Zukunft keine Sorgen machen.

Ich will Gelassenheit entwickeln; ich will im Glück nicht triumphieren, ich will im Unglück nicht verzweifeln.

Ich will mich nach besten Kräften bemühen, Erleuchtung zu erlangen.

GLOSSAR

ANATTA

Das »Nicht-Selbst« – es gibt keine Seele und kein wirkliches Selbst, dies ist eine der drei Eigenschaften der Existenz.

ANICCA

Vergänglichkeit – eine der drei Eigenschaften der Existenz.

BO-BAUM

Der Feigenbau, unter dem der Buddha Erleuchtung fand.

BODGHAYA

Die Stadt in Nordindien, in der der Buddha Erleuchtung erlangte.

BUDDHA

Siddhartha Gotama wurde als der »Erleuchtete« bekannt, nachdem er unter dem Bo-Baum *Nirvana* erreicht hatte.

DAS DREIFACHE JUWEL

Der Buddha, der *Sangha* (die Mönchsgemeinschaft) und der *Dhamma* (die buddhistischen Lehren).

DER EDLE ACHTFACHE PFAD

Der Pfad der buddhistischen Praxis, der in acht Schritten zur Überwindung des Leidens und zur Erleuchtung führt.

DER WEG DER VORFAHREN

So nennen *Theravada*-Buddhisten ihre Form des Buddhismus. Die Schriften des *Theravada*-Buddhismus beruhen auf den ältesten schriftlichen Überlieferungen der Lehren des Buddha; darum wird der *Theravada*-Buddhismus auch »Die alte Weisheitsschule« genannt.

DIE FÜNF AGGREGATE

Die fünf Aggregate, bekannt als die fünf *Khandas*, bilden zusammen das menschliche Wesen: Körper, Gefühl, Wahrnehmungen, Neigungen und Bewußtsein.

DIE VIER AUSFAHRTEN

Die Flüchtigkeit und Vergänglichkeit des Lebens wurde Siddhartha Gotama bei seinen ersten vier Ausfahrten aus dem elterlichen Palast bewußt.

DIE FÜNF REGELN

Der buddhistische Moralkodex.

DIE VIER EDLEN WAHRHEITEN

Die Lehren des Buddha beruhen auf den *Vier*

Edlen Wahrheiten: Da ist Leiden, die Ursache des Leidens ist egoistisches Begehren, die Überwindung egoistischen Begehrens beseitigt das Leiden, der Weg zur Überwindung egoistischen Begehrens ist der *Edle Achtfache Pfad*.

DHAMMA
Die buddhistische Lehre.

DUKKHA
Das Leiden der Lebewesen auf der Erde, das dazu bestimmt ist, durch Befolgung des buddhistischen *Weges* transzendiert zu werden.

JHANAS
Versenkungszustände.

KARMA
Ursachen und Wirkungen, die die individuelle Lebenszeit überschreiten.

KASINA
Eine Meditationsform, bei der man sich auf eine Farbscheibe konzentriert und sich dann das Bild in den Geist zurückruft, um Ruhe und inneren Frieden zu erlangen.

KHANDAS
Die fünf Aggregate, die das menschliche Wesen bilden: Körper, Gefühl, Wahrnehmungen, Neigungen und Bewußtsein.

KHAO PANSA

Dreimonatige »buddhistische Fastenzeit« zu Beginn der Regenzeit in Thailand, in der viele junge Männer ordiniert werden.

KHUTI

Die bescheidene Unterkunft des thailändischen Mönches.

MAE-CHEE

Thailändische buddhistische Nonne.

MAHAMANGALA SUTTA

Ein *Sutta*, in dem der Buddha die zehn Quellen des Glücks für den Laien beschreibt.

MAHAYANA-BUDDHISMUS

Die Form des Buddhismus, die in Tibet, China, Japan, der Mongolei und Korea praktiziert wird. Auch als »Das große Fahrzeug« bekannt.

METTA

Universelle Liebe.

NIRVANA

Das höchste Ziel der buddhistischen Praxis: Erleuchtung.

OM MANI PADME HUM

Das bekannteste buddhistische Mantra, religiöser meditativer Gesang.

PALI

Die alte religiöse Sprache Indiens, in der die Lehren des *Theravada*-Buddhismus zuerst niedergeschrieben wurden. Die Lehren des *Mahayana*-Buddhismus wurden in Sanskrit festgehalten.

PARINIRVANA

Der Tod des Buddha.

SAMATHA

Meditationsform, bei der man sinnlichen Wahrnehmungen keine Beachtung schenkt. Das *Samatha* ist das genaue Gegenteil des *Vipassana*.

SANGHA

Der Mönchsorden.

SIDDHARTHA GOTAMA

Buddhas Geburtsname.

SUKKHA

Das Gegenteil von *Dukkha*. *Sukkha* beschreibt die Existenz von Glück, Freude, Vollbringung, Erfüllung und Wohlergehen.

SUTTA

(oder *Sutra*) Buddhistische Predigt, in Sanskrit *Sutra* genannt.

TANHA

Heftiges Verlangen, Begierde und Anhaftung –

diese Hindernisse müssen auf dem Weg zu einer ethischen, moralischen Persönlichkeit überwunden werden; Loslösung ist Voraussetzung zur Erleuchtung.

TANKHA

Eine religiöse tibetische Schriftrolle mit Gemälden, die buddhistische Kosmologie beschreiben.

TANTRAYANA-BUDDHISMUS

(Siehe *Vajrayana*-Buddhismus)

TANTRA

Esoterische buddhistische Praktiken, die sich mehr auf mündliche als auf schriftliche Überlieferung gründen.

TAOISMUS

Chinesische Philosophie, die auf den Grundregeln der Natur und dem Wechselspiel entgegengesetzter Kräfte beruht.

THERAVADA-BUDDHISMUS

Diese Form des Buddhismus wird in Thailand, Burma, Laos, Kambodscha, Sri Lanka und Nepal praktiziert. Der *Theravada*-Buddhismus wird auch *Hinayana* (»Das kleine Fahrzeug«) oder auch »Der Weg der Vorfahren« genannt.

VAJRAYANA-BUDDHISMUS

Esoterische Form des *Mahayana*-Buddhismus, die in Tibet praktiziert wird – »Das diamantene Fahrzeug«.

VIPASSANA

Meditationsform zur Ausbildung der klar bewußten Wahrnehmung der physischen Welt um uns – das Gegenteil der *Samatha*-Meditation.

ZEN-BUDDHISMUS

Form des *Mahayana*-Buddhismus, die in Japan praktiziert wird.

Dalai Lama
Ratschläge des Herzens

Aufgezeichnet und mit einem Vorwort von Matthieu Ricard
Aus dem Französischen von Ingrid Fischer-Schreiber

Die Summe der Gedanken des Dalai Lama – ein Handbuch, mit Anregungen für alle Lebenslagen, für jeden von uns. Denn ein sinnerfülltes Leben ist möglich, man muß nur lernen, mit dem Herzen zu denken.

»Der Dalai Lama engagiert sich für die Werte, die jeder anständige Mensch bejaht. Er setzt sich ein für Frieden, für Gerechtigkeit und für alles, was das Leben lebenswert macht.« *Nelson Mandela*

»Ein Buch, das mit jeder Zeile danach strebt, das Leben des einzelnen und damit das Zusammenleben auf der Welt zu verbessern. Das Buch bietet häppchenweise Hinweise für alle Menschen; für Alte und Junge, für Lehrer und Juristen, für Neidische und Stolze … Fehlt nur noch: die Selbsterkenntnis.«
Augsburger Allgemeine

Dalai Lama

Mitgefühl und Weisheit

Ein Gespräch mit Felizitas von Schönborn
Mit einem Vorwort des chinesischen Dissidenten
und Bürgerrechtlers Wei Jingsheng

In intensiven Gesprächen konnte Felizitas von Schönborn Ansichten und Grundwerte des Dalai Lama und des tibetischen Buddhismus zusammenfassen. Dieses Buch ist für interessierte Laien genauso wichtig wie für Menschen, die sich eingehend mit Politik, Philosophie und Religion beschäftigen. Es geht sowohl um Fragen des persönlichen Glücks und der Sinnsuche als auch um Probleme der Ökologie und des Weltfriedens.

»Das Glück hat viele Ebenen. Ich stelle mir das Glück als ein harmonisches Zusammenspiel von innerem Frieden im Herzen des einzelnen Menschen und von äußerem Weltfrieden unter den Völkern vor. Und ich wünsche mir möglichst großen Wohlstand für alle Erdenbewohner. Armut und Elend bringen kein glückliches Leben. Man muß seine Grundbedürfnisse befriedigen können, man braucht zu essen, sauberes Wasser und ein Dach über dem Kopf. Das gilt für alle Kulturen.« *Dalai Lama*

Buddha

Worte der Vollendung

Herausgegeben und mit einem Nachwort
von Wolfgang Kraus

»Ich streite nicht mit der Welt,
sondern die Welt streitet mit mir.
Wer die Wahrheit verkündet,
streitet mit niemandem in der Welt.

Der Lehre gedenkend,
erheitert sich der Geist,
Freude steigt auf,
und was an Befleckung des Geistes
besteht, das schwindet.«
Gotama Buddha

»Die Worte Gotama Buddhas zählen zu den unversieglichen Urquellen der Weisheit. Sie kommen aus dem tiefsten Grund des menschlichen Lebens und umschließen, in visionärer Schau, Keim und Ergebnis späterer Weltsysteme. In ewiger Sprache von unvergleichlicher dichterischer Bildkraft spricht Buddha, der vor seinem Mönchsleben als Prinz die Reichtümer und Leidenschaften der Erde gekannt hat, über die ›vier Wahrheiten‹, über den Reinheitsweg, das Glück, die Freude und die große Stille der Seele. Eine unendliche Ruhe spricht aus diesen Worten, vor denen die Rastlosigkeit unserer Gegenwart nichtig erscheint. Buddha formt heute noch das Leben der Menschen fast eines ganzen Erdteils, Schopenhauer stand unter seinem Einfluß, und das Europa unserer Zeit besinnt sich immer mehr auf seine unvergänglich gültigen Worte.« *Wolfgang Kraus*

Lao Tse

Tao-Te-King

Neu ins Deutsche übertragen von Hans Knospe
und Odette Brändli
Mit einem Nachwort von Knut Walf

Das *Tao-Te-King* von Lao Tse dürfte nach der Bibel das am weitesten verbreitete und meistübersetzte Buch sein. Und seitdem die Lehre vom Tao im Westen bekannt geworden ist, hat sie dort Menschen angesprochen und auch politische Wirkungen gezeigt.

»So haben nicht wenige in der Zeit des Nazi-Terrors im *Tao-Te-King* nicht nur Trost, sondern auch Weisung zu politischem Handeln gefunden. In den Flugblättern der *Weißen Rose* wurde Lao Tse häufig genannt und zitiert.
Die Taoisten sind nicht Meister großer oder vieler Worte. Ihre Weisungen sind knapp gehalten, oft bildhaft-konkret, voller Skepsis gegenüber dem menschlichen Erkenntnisvermögen, gegenüber angelerntem Wissen, voll Kritik und Logik.
Die drei gesellschaftlichen Alternativrichtungen unserer Zeit (für Entwicklung, Abrüstung und Umwelt) könnten insbesondere bei Lao Tse manche Anregung und Bestätigung empfangen. Er ist geradezu der Verkünder der Maxime *small is beautiful* und eines einfachen Lebens: ›Ein Land soll klein und dünn besiedelt sein. Sorge dafür, daß die Menschen, obwohl sie genug Waffen für eine Truppe oder ein Bataillon haben, sie nie gebrauchen.‹« *Knut Walf in seinem Nachwort*

Nicolas Gfeller
Kleine Geschichte der Ethik

Von Buddha bis Ernst Bloch
Mit zahlreichen Abbildungen

Ob in Labors oder Schulzimmern, an Klimakonferenzen oder Weltwirtschaftsgipfeln: Man spricht über Werte und Pflichten, über Chancen und Grenzen – man spricht über Ethik: Wie weit darf, wie weit soll der Mensch gehen? Im dritten Jahrtausend haben rigide Moral, aber auch das Prinzip des *Anything goes* ausgedient. Mehr denn je leben wir im Spannungsfeld zwischen Gut und Böse. Dabei bleibt es unsere Aufgabe, diese Spannung, diesen Konflikt menschlich auszutragen.

Durch alle Jahrhunderte haben sich die Menschen Gedanken über diese Fragen gemacht. Dieses Buch bietet einen Überblick über die Ideen von Buddha, Lao Tse, Konfuzius, Moses, Platon, Aristoteles, Christus, Epiktet, Marc Aurel, Augustinus, Mohammed, Thomas von Aquin, Machiavelli, Montaigne, Spinoza, Kant, Mill, Nietzsche, Kierkegaard, Hartmann, Adorno, Sartre und Bloch, angereichert mit zahlreichen einschlägigen Zitaten und Abbildungen.
Die *Kleine Geschichte der Ethik* gewährt Einblick in die Bücher der großen Denker der Vergangenheit und schärft somit den Blick für die Herausforderungen der Zukunft. Kein Handbuch für ein ›richtig‹ gelebtes Leben, sondern Anstoß zu eigenen Ideen.

»Der Kategorische Imperativ ist dieser: handle nur nach derjenigen Maxime, durch die du zugleich wollen kannst, daß sie ein allgemeines Gesetz werde.«
Immanuel Kant